Experiencias con el Cielo

Dra. Elsa Lucía Arango E.

Experiencias con el Cielo

Una manera espiritual de comprender la muerte, el duelo y la vida en el más allá

GIROL SPANISH BOOKS
P.O. Box 5473 LCD Merivale
Ottawa, ON, Canada K2C 3M1
T/F (613) 233-9044 www.girol.com

alamah

Experiencias con el Cielo

Primera edición: noviembre de 2016

Primera edición en su país de origen: enero de 2015

D. R. © 2015, Elsa Lucía Arango

D. R. © 2016, derechos de edición mundiales en lengua castellana:

Penguin Random House Grupo Editorial, S.A. de C.V.

Blvd. Miguel de Cervantes Saavedra núm. 301, 1er piso,

colonia Granada, delegación Miguel Hidalgo, C.P. 11520,

Ciudad de México

www.megustaleer.com.mx

D. R. © 2015, Victeah / Shutterstock, por la fotografía de cubierta

© Luis Alberto Arango, por la fotografía de la autora

ISBN: 978-607-31-4908-2

Impreso en México – *Printed in Mexico*

El papel utilizado para la impresión de este libro ha sido fabricado a partir de madera procedente de bosques y plantaciones gestionadas con los más altos estándares ambientales, garantizando una explotación de los recursos sostenible con el medio ambiente y beneficiosa para las personas.

Penguin
Random House
Grupo Editorial

ÍNDICE

En mi diaria labor profesional como médico de cuidados paliativos, con frecuencia me ocupo del proceso de acompañar a pacientes en sus "últimos días de vida". Este periodo es, sin duda, uno de los más complejos, si no el mayor, que el ser humano ha de afrontar a lo largo de toda su historia como individuo y como especie.

Durante este proceso surgen innumerables preguntas, dudas y cuestionamientos referentes a lo que nos ocurre al cruzar el umbral que separa la vida de la muerte. Dichos interrogantes son tanto de la persona que está próxima a cruzarlo, como de sus seres queridos que lo acompañan, cuyas dudas crecen de manera considerable una vez que pierden el contacto directo de forma definitiva. Cada cual busca, de alguna manera, encontrar una respuesta que se acomode a su manera particular de ver la vida y le ayude a alcanzar algún grado de paz y bienestar que aminore en parte el dolor, el temor y el desconsuelo que suelen acompañarlo.

Sin embargo, muy pocas veces las respuestas que reciben por parte de quienes encuentran en el camino, incluso de líderes religiosos o espirituales calificados, logran menguar el malestar y aclarar a ciencia cierta lo que está pasando con el ser que antes hacía presencia evidente e importante en sus vidas.

Muchas personas buscan diferentes opciones para tener algún tipo de cercanía con "aquel que ya no está", así sea sólo mediante la oración o la meditación, los recuerdos vivos que se activan en cada momento, a través de los sueños (en los cuales se tiene la esperanza de que haya un reencuentro con el ser querido), o incluso gracias a algún medio de "contacto" con el mundo del más allá, a veces facilitado por terceros, con resultados generalmente insatisfactorios.

En esta "búsqueda del ser querido" –proceso a todas vistas natural como resultado de la adaptación a la realidad de la pérdida–, se busca la percepción de la presencia del otro en todo momento. No obstante, como esta experiencia no se constata a través de los cinco sentidos, sólo nos queda la sensación de su ausencia. En consecuencia, en vista de que el contacto con él, tal como se presentaba antes, no es posible, reaparece el malestar.

Por todo lo anterior, y por la propia duda que tenemos acerca de lo que nos ha de ocurrir en ese momento, se hace necesario este texto: aquí se nos muestra lo que le está pasando al ser que ahora no vemos, y comprendemos así su verdadera esencia. Por otra parte, la confirmación de la existencia de una vida real, estable y perdurable más allá de la forma que nos acompañó durante un determinado tiempo, se hace, además de necesaria, maravillosamente reconfortante para quienes nos atrevemos a validar la vida espiritual como eje de nuestra existencia.

Así que los invito, de manera tranquila y segura, a que se dejen guiar de la mano iluminadora de la doctora Elsa Lucía Arango hacia el otro lado del velo, donde podremos comprender el mundo sutil que nos acompaña y algún día nos espera, cuando sea el momento adecuado.

Gracias, querida Elsa Lucía, por la valentía de dejarnos este manual de la otra cara del espejo: si nos miramos en él con detenimiento, sin duda veremos con mayor claridad y sentido lo que ocurre en el "aquí y ahora" de nuestra propia vida.

DOCTOR SANTIAGO ROJAS POSADA

INTRODUCCIÓN

En este libro recopilé fragmentos de historias de la vida y la muerte que he compartido con mis pacientes para con ellos hilar un tejido de vida. Son relatos verdaderos, aunque algunos de los nombres sean ficticios. Tienen como protagonistas a visitantes del Cielo que cruzan ese umbral invisible entre el mundo espiritual y el terrenal, para venir a ayudar, sanar, acompañar, aclarar dudas y darnos su amor.

Es un tema extraño y a la vez maravilloso. Todos tenemos algún familiar o amigo en el Cielo, y estoy convencida de que a muchos nos visita con alguna frecuencia uno de ellos. En el Cielo abunda la alegría, el cariño, la paz. Ellos vienen con esas ofrendas a nuestros hogares; hay que aprender a recibirlas. Para ello es necesario abrir un espacio en nuestra mente y en nuestro corazón a su presencia silenciosa. Si creamos ese espacio será más fácil para ellos brindarnos su amor y compañía.

Cada cual tiene su tarea propia y personal: la de nosotros está en la Tierra, la de ellos, en el Cielo. Esto no significa que sean mundos diferentes; es el mismo, el mundo de la Vida, con diferentes niveles de densidad. La Tierra es densa, el Cielo es sutil. Nuestros sentidos físicos —audición, vista, tacto, gusto y olfato— no perciben sino los elementos densos, ya que para eso están diseñados. Por ello no podemos pretender ver o escuchar a nuestros visitantes con los ojos u oídos físicos. Creo que en todo ser humano hay una sensibilidad que le permite percibir aquello que es espiritual y sutil. La madre que "sabe" cuándo su hijo está enfermo, o el amigo que "percibe" cuándo su compañero requiere una llamada; son ejemplos de las "corazonadas" que tenemos sobre algún asunto. ¿Cuántas veces hemos pensado en alguien y a los pocos minutos recibimos una llamada o nos llega un mensaje de su parte? Éstas son expresiones de ese equipaje de sentidos sutiles que todos traemos a la vida, y que podemos entrenar y desarrollar para comunicarnos con los visitantes del Cielo.

¿Para qué hacer eso? ¿Para qué abrirnos a la posibilidad de que la vida en el Cielo pueda ser real? ¿Será importante comprender que parte de la vida en el Cielo incluye ayudar en la Tierra? Creo que sí: esto puede facilitar enormemente la labor de los visitantes del Cielo, a la vez que nos ayuda a disminuir el dolor del duelo cuando alguno de nuestros seres queridos parte al mundo espiritual.

¿Para qué más? Muy sencillo: en algún momento, seremos nosotros quienes emprendamos el viaje y, si conocemos acerca del Cielo, nuestra transición al mundo espiritual será fácil y en paz. Allá continuaremos con esa labor común a todos: crecer en amor.

Los invito a compartir estas historias; tal vez a revivir en paralelo algunas de sus propias experiencias con el duelo de sus seres queridos fallecidos; a entender un poco más sobre la muerte y su huella… A pensar sin límites preestablecidos cómo podrá ser el Cielo. No busco convencer a nadie, ni ofrezco pruebas científicas de algo que aún no puede ser medido ni pesado. Sólo procuro compartir con ustedes la buena fe de los relatos y la sinceridad de las experiencias.

1

VIVIR SIN TEMOR A LA MUERTE

Desde el Cielo llega la ayuda para vivir la vida

Cuando alguien habla de la muerte con tranquilidad y alegría, produce extrañeza entre quienes lo escuchan; con frecuencia se supone que si alguien lo hace, tal vez esté triste o deprimido. En general, es un tema del cual poco se conversa y mucho se ignora. En Occidente es considerado casi un tabú; se evita hablar acerca de ella, como si eso pudiera evitarla. Si dialogar en torno a la muerte se considera inapropiado, hacerlo acerca de los muertos, de sus vínculos con nosotros, de la posibilidad de comunicarse con ellos, resulta aún más extraño, tal vez peligroso o incluso desquiciado.

En casa, mi madre tenía un paradigma espiritual diferente. Huérfana de padre a los doce años, con algunos de sus hermanos muertos a corta edad, aprendió de mi abuela que la vida se vivía con vocación de servicio, alegría y entereza, luego de lo cual se iba al Cielo. La muerte era tan sólo el mecanismo ineludible para llegar allí. Desde el Cielo venía la ayuda para vivir la vida; eso era claro para ellas.

Nunca se nos enseñó el temor a la muerte; por el contrario, se sembró en nuestras mentes infantiles la semilla alegre de la idea de una vida maravillosa después de ésta. Al Cielo se llegaba, por supuesto, luego de haber llevado una vida recta, de buenas obras. Esta sencilla filosofía no provenía de una fe infantil, ni de una ingenua reflexión. Mamá era una persona brillante, y su filosofía provenía de una profunda espiritualidad. Una filosofía sencilla y sabia: "Vive bien, para morir bien: en paz, sin temor, en Dios".

En casa se podía hablar de la muerte y de los muertos sin miedo, sin agüeros. Con buen humor y gratitud hacia los que se habían ido a otra dimensión, dándoles el espacio que les correspondía en la familia. Ellos seguían vivos, pues teníamos claro que en la otra dimensión hay una vida aún más amplia que la terrenal. Creo que esta infancia, en la que se hablaba de la muerte y del Cielo sin temor, acentuando al mismo tiempo el valor de la vida, permitió que mi mente no almacenara lo que veo en tantas personas: el miedo y el rechazo a la muerte. Como yo era su hija médica, mamá me dejó clara su voluntad de no hacer nunca maniobras extraordinarias para prolongarle la vida inútilmente. Con una sonrisa me decía: "A mí déjame en un rinconcito en paz para que me pueda ir al Cielo".

Un mes antes de partir hacia allá, poco antes de cumplir ochenta años, una sonrisa alegraba su rostro si alguien le decía que estaba muy linda. Cuando me visitaba en el consultorio, si uno de mis pacientes le preguntaba cómo estaba, con una pícara sonrisa contestaba: "Bien, pero me voy a tener que morir a escondidas porque mis hijas no me quieren dejar ir". Si era yo quien le preguntaba, sólo cambiaba un poco la respuesta y con esa misma cara traviesa me decía: "Me voy a tener que morir a escondidas porque ustedes no me van a dejar morir". Lo hizo más de una docena de veces en un mes; antes jamás me lo había dicho. Su alma ya sabía que iba a emprender el vuelo al Cielo. Supongo que lo hacía para que yo, como médica, no me sintiera culpable de no haberla cuidado lo suficiente: me estaba informando lo que iba a ocurrir.

Independiente de que sus hijos estuviéramos permanentemente atendiéndola con mucho cariño, ella ya estaba soltando sus anclas. Su alma extendió sus alas en paz, un amanecer, de repente, sin que nada la perturbara, como tal vez muchos quisiéramos que nos sucediera. Voló hacia el lugar de donde todos venimos, voló hacia Dios. No dudé de su alegría al llegar a su nuevo y al mismo tiempo antiguo hogar, al experimentar la expansión de su conciencia y la sensación plena de un espíritu libre que regresa a casa al terminar la escuela de la vida con honores, llevando la satisfacción de una tarea bien hecha.

Sentí su paz: llegaba al Paraíso. Me había advertido oportunamente de su muerte. Si bien yo no le había entendido, ¿por qué quejarme o lamentarme? ¿No quisiéramos todos algo similar para nosotros? Regresar a casa sin temor a la muerte, sabiendo que no se rompen los vínculos con los que se aman, que no se abandona a nadie. Sabía que desde el Cielo me llegaría su ayuda para vivir la vida. Y me ha llegado en muchas formas. Se lo agradezco infinitamente. Tengo la certeza de que ella comparte desde allí su alegría y simpatía, su disposición a ayudar, su felicidad. Nos comunicamos. En una forma diferente, claro está: yo le hablo mentalmente y sé que me escucha. Aunque no oigo su voz como respuesta, sí siento su presencia y su apoyo cerca, su fortaleza y su amor.

Hablar con el Cielo

La comunicación con el Cielo, cuando lo pienso, era algo al parecer obvio en mi familia. Recuerdo vívidamente a mi tío, Tomás, quien se volvió sanador cuando ya era una persona mayor; según él, luego de un golpe en la cabeza al caer accidentalmente de un tejado. Muchas de sus extrañas historias quedaron grabadas en mi mente, cuando íbamos con mis hermanas a pasar vacaciones en la finca donde vivía. Allí veíamos cómo atendía, sin cobrar, a decenas de personas —alrededor de cien cada sábado y domingo—, quienes se agrupaban en un gran jardín que se extendía al frente de la casa. En orden de llegada, esperaban por horas, tranquilos, a que Tomás los tratara. Cuando les llegaba el turno, él cerraba los ojos, tan sólo unos segundos, haciendo lo que podríamos llamar un diagnóstico mental durante el cual percibía qué era lo que tenía el consultante, y luego, en un tiempo también corto, hacía la sanación correspondiente. Todo sin tocar al paciente, sin siquiera mover sus manos y a una distancia considerable. Tenía impresionantes dotes clarividentes y yo, inicialmente como estudiante de medicina y luego como médica graduada, tuve la oportunidad de corroborar con exámenes clínicos, durante los muchos años que en vacaciones fui a esa finca, varios de los diagnósticos que Tomás lograba sin ninguna ayuda tecnológica. Según él, veía en su pantalla mental el o los órganos lesionados, y luego los sanaba utilizando imágenes mentales. Decía que guías del Cielo le ayudaban. Por ejemplo, era famoso por ayudar a decenas de mujeres que no habían podido quedar embarazadas. Me explicaba que para que una mujer estéril pudiera quedar encinta, observaba si el problema radicaba en la presencia de quistes en el ovario o una obstrucción de las trompas uterinas. En el primer caso, sencillamente imaginaba que resecaba los quistes, como quien hace una cirugía; en el segundo, que "aspiraba" con una "aspiradora mental" el contenido que obstruía las trompas. Otras, según Tomás, tenían un desequilibrio en el hipotálamo, una estructura cerebral de enorme importancia en la producción de las hormonas necesarias para un embarazo, y allí también llegaba con su mente y sus ayudantes invisibles a sanar.

Los muchos pacientes curados eran los que traían más pacientes. Me gustaba hablar con algunos de ellos para averiguar de qué se habían curado, y me relataban casos sorprendentes, para los cuales yo, como aprendiz de médica, no tenía explicación. De hecho, nada de lo que ocurría con mi tío tenía una explicación científica. Por fortuna el enfermo que llegaba allí no la necesitaba;

tan sólo quería curarse, sin importar el método. Y como no dolía, ¡tanto mejor! Me parecía un poco extraño que lograra describir tantas estructuras anatómicas sin tener conocimientos de medicina (ni anatomía), mientras que yo, que estaba en los primeros semestres de mi carrera ¡requiriera tanto tiempo para familiarizarme con ellas! Le mostraba mis textos de anatomía y patología para que pudiera explicarme mejor lo que "veía". Así, ya no decía que veía unas bolsitas que salían del colon, sino que el paciente tenía unos divertículos, los cuales reparaba como si se tratara de un neumático: mentalmente ponía muchos parches; cerraba estas bolsas y luego las extraía, como quien hace una sofisticada cirugía. Al paciente le desaparecían los síntomas, y, naturalmente, invitaba a sus amigos o parientes enfermos a visitar al curioso sanador.

A Tomás también lo llamaban para que ayudara a las personas que habían fallecido en accidentes o por cualquier otro motivo. El siguiente es el relato de una de esas llamadas, de la cual fui testigo y que quedó profundamente grabada en mi memoria. Esto ocurrió cuando aún no había entrado a estudiar medicina, tendría yo unos dieciséis años. Sonó el teléfono de la finca y él contestó. Al colgar, nos contó que un amigo lejano acababa de fallecer en un accidente de automóvil y la familia le pedía que acompañara al difunto pues querían saber cómo estaba. Eso me pareció totalmente traído de los cabellos, pero como a Tomás podían pasarle toda clase de historias extrañas, lo observé en silencio. Cerró los ojos, los abrió unos minutos después, tomó de nuevo el teléfono y llamó a la persona que lo había contactado poco antes.

Le explicó que el difunto —cuyo nombre no recuerdo y llamaré Javier— se encontraba bien, pero estaba preocupado por no haber dejado a mano el testamento, y que para encontrarlo deberían seguir las siguientes instrucciones: abrir un cajón específico de la oficina (mi tío describió el cajón y el escritorio), en donde encontrarían unas llaves con las que deberían ir a la casa de Javier, buscar otro cajón en un clóset determinado, abrirlo con dichas llaves y encontrar allí el testamento.

No lo podía creer. Que alguien recién fallecido diera esos detalles con tanta claridad y Tomás los comprendiera resultaba difícil de aceptar. Era como si tuvieran un teléfono y estuvieran hablando sin ningún problema. Ni siquiera vi triste a mi tío. Decía que veía muy bien a la persona fallecida; le había ayudado con instrucciones para irse al Cielo y así evitar que se quedara por ahí vagando, o perdido en lo que algunos llaman Limbo.

Pensé que en un rato los familiares llamarían a decir que no encontraban ni llaves, ni cajón, ni testamento. Por el contrario y para mi sorpresa, más tarde telefonearon muy agradecidos: habían encontrado todo, tal cual les había dicho mi tío. Le pidieron, además, el favor de decirle a Javier que lo querían mucho y esperaban que estuviera en paz.

Con eso tuve para estar impactada todas las vacaciones. Junto con mis hermanas le pedíamos a mi tío que nos contara historias similares y él respondía con anécdotas que a veces nos resultaban inverosímiles, pero que algunos de los mayores corroboraban como ciertas. Unos diez días después de ese episodio, temprano en la mañana, escuché que Tomás llamaba a alguien y le decía que en su meditación matinal se le había aparecido Javier diciéndole que por favor tuvieran cuidado con el agua. Mi tío no comprendió nada de este extraño y lacónico mensaje, pero igual llamó a los familiares para transmitirlo. Al terminar la llamada, mis hermanas y yo, sus curiosas sobrinas, le preguntamos qué era lo que había ocurrido con el agua. Nos contestó que los familiares tampoco habían comprendido a qué se refería el mensaje.

No obstante, pronto se aclaró la incógnita. A la mañana siguiente, muy temprano, sonó el teléfono; eran los familiares de Javier, para contar que el tanque de agua del edificio donde vivían su esposa e hija ¡se había roto inundando ambos apartamentos!

¿Cómo podía él saber que el tanque de agua se iba a romper y causar una inundación? ¡Apenas había fallecido Javier, mi tío le pudo comprender todo, pero unos días después, sólo le entendió parcialmente el mensaje! ¿Es posible que diez días después estuviera ya en otra dimensión y la comunicación por ello fuera menos clara? Todos en la familia, excepto Tomás, nos hacíamos esas preguntas, además de la obvia: ¿es posible comunicarse con las personas fallecidas?

De igual forma, mi tío tiene en su historial de sanador centenares de personas que han sido curadas allí donde los médicos clásicos fallaron.[1] No es fácil encontrar una explicación lógica y por eso, no puedo aclarar por qué algunas personas se comunican fácilmente con los habitantes del Cielo, mientras que la gran mayoría no puede hacerlo. Simplemente ocurre; es una realidad: hay sanadores, de la misma manera que hay personas que hablan con seres del Cielo. El hecho de que no sepamos cómo ocurre no es motivo para negar su existencia. Tanto unos como otros han estado presentes desde las culturas más antiguas hasta hoy.

Para mi gusto, esos misterios le dan un gran colorido a la vida; ¡hay aún tanto por descubrir, comprender y aprender en el universo! Más allá de la ciencia y la tecnología, los seres humanos tenemos muchos campos del saber por incursionar para lograr tener una humanidad más sana y feliz. Para investigar en esos campos se requiere de una mente curiosa, abierta, respetuosa y, además, silencio y humildad. Éstas son igualmente algunas de las cualidades necesarias para comunicarse con nuestros seres queridos fallecidos; a ellas le sumo también el buen humor, sobre todo con uno mismo, al comenzar a ver y entender cosas en apariencia disparatadas.

---

1   No sobra aclarar que muchas de las personas que asisten a las sesiones de sanación de mi tío no se curan, pero los casos exitosos de sanación de personas con enfermedades graves, consideradas degenerativas o incurables, sí superan las posibilidades estadísticas, como ocurre con la gran mayoría de los sanadores en el mundo.

La comunicación con los visitantes del Cielo puede ir desde una tan clara como la que lograba mi tío, hasta la percepción que tengo yo de sentir a mi madre con mucha alegría en su nuevo hogar. Para que esa comunicación exista, se necesita disponibilidad mental. Si creo que algo es imposible, resultará imposible para mí, así sea posible y cotidiano para muchos otros. Si nuestra mente está dispuesta a aprender, lo hará. Con ello no pretendo que al terminar de leer este libro todos los lectores obtengan las habilidades de Tomás, pero sí que se hayan abierto a la posibilidad de comunicarse con el Cielo, por medio de cualquiera de las muchas formas que para ello existen.

Lazos de amor que no se rompen con la muerte

El propósito de este libro es ayudar a recuperar esos lazos de amor que rompemos con tanta frecuencia cuando alguien cercano fallece. Hay muchas creencias sobre la muerte reflejadas en la sabiduría popular: "no hay que llorar a los muertos", "hay que dejarlos ir", "ellos descansan en paz". Si no comprendemos en su buen sentido estos mensajes, ciertamente se hace más difícil el duelo y se crea una barrera imposible de traspasar entre los que se han ido y nosotros.

La muerte rara vez avisa. No sólo impacta lo inesperado y lo irrecuperable del hecho, sino el estado en que se encontraban nuestras relaciones con la persona que muere. ¿Acaso una pequeña discusión, un desacuerdo, o no haber hecho a tiempo una llamada para saludar a alguien, no se convierten luego en una silenciosa culpa que acongoja el corazón y nos aísla mucho más del ser fallecido? Es como si no lo pudiéramos mirar en nuestro mundo interior sin romper en llanto, ya no sólo por su partida, sino porque el lazo de amor construido por muchos años presenta al final una pequeña herida.

Es allí donde el germen de la culpa la vuelve irreparable, hasta cuando comprendamos que cualquier momento es bueno para sanar esas heridas, que ellos o ellas escuchan nuestra mente desde la dimensión espiritual donde se hallan y que son los más interesados en reparar las relaciones lesionadas.

Los lazos que nos unen a los que fallecen, si no son alimentados con amor y el contacto frecuente, mueren. Es decir, desaparece la relación con el ser querido. Lo que muere no es la persona que fallece, sino la relación, el lazo, el vínculo con ella. Decenas de años de una bella relación pueden esfumarse para el que se queda acá, porque cree que le hace daño al que se fue si lo recuerda, si le habla o si se entristece por su partida. O porque antes de la muerte —en especial si es repentina— falló en algo la gentileza, se olvidó un detalle, se elevó la voz y se pronunciaron palabras desagradables, o no se hizo algo que uno cree habría evitado lo sucedido, como si la muerte pudiera evitarse.

Se nos olvida a veces que amar es no quedarse en los detalles ásperos; el amor mantiene sólidos en la conciencia el afecto, la amistad, la admiración y la gratitud, disolviendo fácilmente los errores y las faltas. Precisamente por eso es amor, por su capacidad de comprender y perdonar. Es eso justamente lo que experimenta el que se ha ido. Tiene ya otra perspectiva. Desde su nueva dimensión de vida, él o ella ve y siente el océano de amor que nos une y no se concentra en las pequeñas olas de los desacuerdos, olas que por lo general ahogan en sentimientos de culpa a los que se quedan. Si comprendiéramos que la vida continúa luego de ocurrida la muerte del cuerpo físico y que la posibilidad de pedir perdón y ser perdonado no se cierra con ella, haríamos más amable el paso para el familiar o el amigo que fallece.

Si alguien que recién se ha ido —como le ocurrió a Javier— está pendiente de explicar dónde está su testamento para facilitar la vida a su familia, es claro que lo cotidiano y sus necesidades no se borraron de su archivo mental. La memoria existe aún sin cerebro y parece que incluso funciona mejor. ¿Acaso Javier no hizo su viaje a la Luz más tranquilo sabiendo que su familia podía evitarse unas cuantas dificultades? La creencia de que al morir se descansa en paz puede ser muy relativa: ¿qué hay del que se marcha dejando problemas en muchos lados, ya sean grandes o pequeños, por descuido, ignorancia o simplemente por las dificultades que a todos nos ocurren? Nada nos garantiza que descanse en paz. Tal vez por eso en las iglesias se repite tanto la frase "descanse en paz y brille para él la luz perpetua", procurando de alguna forma autorizar al que se va para que se olvide de todo aquello que dejó acá y que le pudiera quitar la paz.

Si repetimos esa frase conscientemente, perdonando y agradeciendo, es probable que la persona pueda perdonarse a sí misma y, ya en el Cielo, reciba la ayuda de los seres de luz que lo habitan, para comprender que, aunque se equivocó, la conciencia y la tristeza por su error son el pasaporte para perdonarse y ser perdonado. Esa conciencia corre por cuenta de ellos; de nuestra parte corre el perdonar de corazón. El perdón y la gratitud son tal vez los mejores regalos que podemos hacer a nuestros seres queridos muertos. Según la vida de cada quien, alguno requerirá más el perdón y otros se habrán ganado la gratitud. "Se muere como se ha vivido" es un refrán muy ceñido a la realidad.

Este libro es una invitación a pensar más en nuestros muertos que en la muerte. ¿Es posible que ellos también tengan que hacer un duelo cuando nos encerramos en nuestro dolor y no abrimos la puerta del corazón a su nueva forma de estar vivos? Estoy segura de que así es. Al ayudarnos mutuamente a procesar la separación, con la certeza de que continúan vivos en la dimensión del Cielo —a donde nuestros mensajes de amor pueden llegar, y desde donde nos llega su apoyo, gratitud y afecto—, podremos, tanto ellos como nosotros, estar en paz. No la paz de algo que está muerto e inmóvil, sino aquella que nos llena de esperanza, de bienestar, de aceptación, y nos proporciona la capacidad para afrontar con amor tanto la vida como la muerte.

Cuando una sociedad pueda respetar la vida en todos sus aspectos, y hablar de la muerte y de sus muertos con amor y sin sufrimiento, seguramente logrará vivir en paz. Este libro trata sobre la capacidad para hablar de la muerte y de lo que ocurre con el que muere y viene de nuevo para ayudarnos. Trata de historias reales que me han ocurrido a mí y a personas cercanas, y que les suceden a miles en el mundo. Espero que permitan ampliar la conciencia sobre cómo ayudar a nuestros muertos a hacer su transición, y cómo ayudarnos a realizar el duelo, a vivir un poco mejor la vida, para tener una buena muerte.

La muerte no puede negarse, ocultarse, ni deshacerse.
Es el evento inevitable por excelencia.
Lo que podemos transformar es la huella que
deja en nosotros; lo que ella hace con nuestra vida.

2

MIRAR LA MUERTE CON LOS OJOS DEL QUE SE VA

La forma como pensamos la muerte
marca la forma como vivimos la vida

Transformar paradigmas

Un paradigma es un conjunto de creencias o teorías sobre las que basamos la mayoría de nuestras acciones. El mundo actual vive con nuevos paradigmas, en especial los que tienen que ver con las nuevas tecnologías y el uso de los recursos naturales. Por ejemplo, la manera como estamos utilizando las diversas fuentes de energía para producir electricidad y todo lo que de ella se deriva, incluido el daño que se le ocasiona al planeta por el uso excesivo de los recursos naturales para su generación. Otro es la forma como nos comunicamos, por el acceso a novedosas y hasta hace poco impensables tecnologías y sistemas de comunicación. Estos recientes paradigmas están transformando velozmente los hábitos de vida, promoviendo comodidad y bienestar para un reducido grupo de la humanidad, aunque todos los habitantes del planeta estemos pagando un alto precio ecológico por ello.

Al mismo tiempo, un grupo emergente de individuos retoma prácticas del pasado para mejorar su mundo interior, y procura lesionar lo menos posible el medio ambiente. La oración, la meditación (con sus cientos de técnicas), la medicina ayurvédica[2] y la medicina tradicional china, el vegetarianismo, el yoga, el chamanismo, el chi kung,[3] el comercio justo, la agricultura orgánica y demás expresiones de correctos vínculos con nosotros mismos, con el entorno y con el planeta, son, en última instancia, maneras de vida que están creciendo rápidamente, con el objetivo de adaptar esas antiguas prácticas a la vida moderna, para así contrarrestar en algún grado los paradigmas tecnológicos deshumanizados.

Algunos ejemplos de estos nocivos paradigmas son la agricultura masiva que destruye la tierra; la medicina que no tiene en cuenta a médicos, terapeutas ni pacientes y que se basa casi exclusivamente en medicamentos químicos; los sistemas de comunicación que contaminan electromagnéticamente el cuerpo de todos los seres vivos; la alimentación basada en ganadería intensiva, que agrava el calentamiento global e impide un mejor uso de la tierra para producir alimento.

Si necesitamos cambiar muchos de aquellos paradigmas que están mostrando ser lesivos y construir otros que eviten lanzarnos hacia el abismo autodestructivo al cual nos estamos dirigiendo, ¿será el de la muerte uno de los primeros a cambiar?

¿Será que este es el momento oportuno para transformar los vínculos con el Cielo y la forma como percibimos la muerte y a quienes se han ido? ¿Es posible que ese mundo sutil ignorado por

---

2 Medicina tradicional de India, cuyos tratamientos se basan en que el paciente procure una vida armónica consigo mismo y con su entorno, alimentación sana, ayunos, masajes, ejercicios respiratorios (*pranayama*), yoga y meditación.

3 Práctica físico-energética, originaria de China, empleada en el entrenamiento y fortalecimiento de las artes marciales como herramienta de salud y meditación.

la mayoría, pero conocido por unos pocos en todas las culturas y desde la antigüedad, tenga ahora un lugar amplio en el mundo occidental, desprovisto del revestimiento de temor generalmente asociado a la muerte?

Hoy en día es cada vez más usual el testimonio de personas que narran una experiencia cercana a la muerte. Sus historias contienen detalles muy similares, como haber estado en un lugar especial, que difícilmente pueden describir con palabras, pero que deja grabada en ellas una vivencia profunda e innegable, en la que son inundadas por la sensación de ser amadas y apreciadas; una sensación que marca sus vidas en un antes y un después.

De hecho, este evento los transforma radicalmente: narran sentir un fuerte impulso que los invita a cambiar sus hábitos, a ser mejores seres humanos y a tener mejores relaciones con todos. Pierden el miedo a la muerte y comprenden que es tan sólo un paso a una dimensión de amor. Por ello, muchos se sienten motivados a relatar y compartir sus experiencias, situación que ha permitido que surjan otros puntos de vista frente a la muerte. ¿Será que el Cielo envía cada vez más mensajes para que en esta era de la humanidad comprendamos la importancia de la bondad y el amor en la vida cotidiana, como requisito que facilita no sólo vivir acá sino llegar allá?

La muerte causa temor por muchos motivos, en especial por creer que no hay vida después de ella, que quien muere se extingue, que ella en sí es un evento frío, doloroso, como si el que muere quedara enterrado, cuando esto es algo que le ocurre sólo al cuerpo físico, no al ser que lo habita. Se le teme porque se cree que se pierde todo vínculo con lo que se ha amado en la vida: familia, amigos, uno mismo y, básicamente, porque no sabemos qué ocurre después. ¿No será que el Cielo está cansado de esa leyenda negra que se teje alrededor de la muerte y por eso busca mensajeros para aclarar nuestras ideas?

Así lo creo. El Cielo no parece ser un conjunto de nubes donde seres etéreos tocan arpa y se aburren, o se deleitan sin hacer nada. Es una etapa más en el curso de la Vida y está lleno de seres en distintos niveles de evolución. Si el planeta Tierra es una escuela itinerante, el Cielo es tanto el hogar eterno como la universidad donde continuamos nuestro aprendizaje. Es de donde partimos y a donde llegamos. Suena plausible que ese lugar y su "grupo directivo" tengan una nueva estrategia para explicarle la verdad a la humanidad que ha perdido en buena parte la capacidad de hablar de lo espiritual, de hablar de Dios y lo trascendente: la vida no se acaba con la muerte; ya tenemos la madurez para desarrollar una visión espiritual que nos permita ver acá vislumbres del más allá; no es necesario morir, atravesar el túnel[4] y volver para comprender la belleza del Cielo y desprendernos del temor a la muerte; y, en especial, nos quieren recordar que ella no acaba con los lazos de amor y afecto construidos a lo largo de la vida.

En diversas narraciones de los que han tenido experiencias cercanas a la muerte, una parte significativa del relato se refiere a haber visto o percibido a muchos de sus seres queridos muertos con anterioridad. También hablan de seres de luz, que parecieran ser guías o sabios, que los acompañan durante esos momentos, ayudando a tranquilizar y aclarar dudas. Incluso niños que tuvieron experiencias cercanas a la muerte, ocasionadas por accidentes automovilísticos, han descrito episodios similares. En algunos casos, al volver a la vida, después de permanecer inconscientes desde el mismo momento del accidente, el niño narra haber estado acompañado por uno o varios miembros de la familia que fallecieron en el mismo accidente, información que obviamente él no conocía;

4　En la mayoría de los relatos, las personas que tienen experiencias cercanas a la muerte narran que llegan a un sitio de gran luz y paz, luego de haberse deslizado por lo que describen como algo similar a un túnel o sendero de luz.

los miembros que no murieron no aparecen en dichas narraciones. En otros casos, hay niños que tras esta experiencia describieron haber visto a personas mayores que los acompañaban y cuando, posteriormente, se les mostraba el álbum de fotos de la familia, señalaban a un abuelo o bisabuelo que nunca conocieron en vida, identificando con claridad en la fotografía el rostro del ser que los guió en su experiencia mientras estaban ya sea en coma o en muerte aparente. Los libros de la doctora Elisabeth Kübler-Ross son una rica fuente de estos relatos.[5]

Los niños preguntan sobre la muerte sin malicia y, si se les contesta con miedo o con respuestas evasivas, van configurando creencias inadecuadas sobre ese proceso, por el cual todos hemos de pasar, y repetirán el mismo patrón de temor que sus padres les transmitieron. Si se habla con tranquilidad acerca de la muerte, si se estudia acerca de ella en la abundante literatura disponible, podremos no sólo perder el temor a ese evento, sino darle un sentido profundamente ético a nuestra vida. Si la vida no termina con la muerte (como lo atestiguan esas experiencias cercanas a ella y los muchos relatos de personas que han tenido contacto con los habitantes del Cielo), y comprendemos a cabalidad que lo que nos ocurre después de que fallezca nuestro cuerpo físico tiene que ver con lo que hemos hecho en la vida, es posible que usemos mucho mejor el tiempo que tenemos acá en la Tierra, y así poder acceder a esa maravillosa experiencia en ese lugar que por algo ha sido denominado el Paraíso.

Me resultaba fácil creer esto cuando leía los estudios de la doctora Kübler-Ross, el precioso texto *El libro tibetano de la vida y de la muerte*,[6] y muchos otros. Mas no esperaba tener, estando en

---

5   Elisabeth Kübler-Ross. *La muerte: un amanecer*. Barcelona; Editorial Luciérnaga: 1993.

6   Sogyal Rimpoché. *El libro tibetano de la vida y de la muerte*. Barcelona; Ediciones Urano: 2006, pp. 276 y 277.

mi sano juicio y sin vivir una experiencia cercana a la muerte, un encuentro "visible" con un ser del Cielo. Por ello, este primer encuentro, corto pero impactante, con un visitante del Cielo, marcó en mi memoria una huella especial.

El primer encuentro

> Los seres amados que habitan el Cielo
> vienen con frecuencia a acompañarnos
> en su cuerpo de luz.

Los seres que habitan el Cielo vienen con frecuencia a acompañarnos en su cuerpo de luz. Ese cuerpo luminoso es en realidad la base sutil alrededor de la cual se forma el cuerpo físico. Su existencia real, no tan sólo como una creencia sino como una realidad observable, ha sido descrita por muchas personas a través de la historia de la humanidad.

Tuve mi primer encuentro directo con esta realidad hace muchos años, una mañana en mi consultorio en la ciudad de Bogotá.

Atiendo con frecuencia a madres que han perdido sus hijos jóvenes, ya sea por enfermedad o accidente. Es un duelo difícil de superar y muchas de ellas me son remitidas por sus amigas o familiares, preocupados por la tristeza que las embarga, para que procure acompañarlas. Mi propósito es ayudarlas a aceptar que su hijo ya no va a utilizar el cuerpo físico que ellas conocieron, el cual se ha perdido irreparablemente en el proceso de la muerte, y a que comprendan que esto, aunque trágico, hace parte integral de la Vida como un todo y que la muerte no significa que se haya extinguido el contacto con ese ser tan amado.

Las invito a abrirse a la posibilidad de pensar que ese ser, su hijo o su hija, está utilizando un cuerpo de otra sustancia, no visible ciertamente para nuestros ojos físicos, pero no por ello menos real. Sigue íntegro en su esencia, experimentando una realidad diferente, pero no necesariamente alejado de sus familiares y amigos. Por el contrario, usualmente busca un contacto espiritual de algún tipo con ellos. Depende de su madre y de su padre y, en general, de sus familiares y amigos, que la persona fallecida pueda mantener el vínculo de amor con sus seres queridos.

Durante muchos años he acompañado a mis pacientes diciéndoles algo de lo que estoy absolutamente segura: que los seres queridos muertos están cerca de nosotros en muchos de los momentos cruciales de la vida y que nuestro corazón puede aprender a sentir su existencia; que el hecho de no verlos no niega su presencia cercana y podemos aprender a rehacer ese contacto, de corazón a corazón, que el proceso de la muerte ha roto súbitamente.

Algunos de mis pacientes ya mayores, tanto hombres como mujeres, que habían perdido sus hijos cuando eran jóvenes, me contaban que con el pasar del tiempo sentían su presencia y este hecho les proporcionaba una paz inexplicable. Yo confiaba en poder ayudar a aquellos que hacía poco habían pasado por esa dolorosa situación a que pudieran llegar a tener esa experiencia de cercanía de su ser amado, lo cual indudablemente les brindaría gran alivio a su dolor.

Es comprensible que, aunque la madre o el padre realmente anhelen sentirse bien, les sea casi imposible lograrlo, al menos durante un buen tiempo. Con enorme frecuencia, cualquier recuerdo desencadena de nuevo una inmensa tristeza, aunque hayan transcurrido varios años desde que el hijo o hija falleció.

Ésta era la reflexión que me estaba haciendo al atender a una de estas madres, Patricia,[7] quien me había consultado inicialmente

---

7   Algunos nombres son ficticios y otros corresponden realmente a la persona de la historia que relato. A la gran mayoría de ellos les envié el texto para su aprobación, y casi todos me autorizaron a conservar su nombre real, o el de la persona fallecida.

por unos fuertes dolores de espalda. Para cuando la vi por primera vez, ya hacía unos años que uno de sus hijos había muerto accidentalmente. Los dolores de espalda fueron disminuyendo notablemente en el curso del tratamiento, incluso se podría decir que habían desaparecido, mientras que el dolor de su corazón seguía casi intacto.

Ese día Patricia había llegado a mi consultorio llorando de nuevo, como lo había hecho tantas veces en los últimos cuatro años. Un poco antes, al presentar unos papeles en la clínica que le prestaba los servicios de salud a su familia, en forma inexplicable salió en el computador el nombre de su hijo muerto, y el sólo verlo en la pantalla le desencadenó una oleada de tristeza. No sabía si era un error de la secretaria, o si una fuerza especial había hecho que saliera allí ese nombre. El caso es que estaba acostada en la camilla de mi consultorio, anegada en silencioso llanto, diciéndome que, aunque pensaba haber tenido una sólida creencia espiritual, ahora dudaba de todo, de si su hijo realmente estaba en alguna parte, si los estaría acompañando… En fin, se preguntaba si él tendría algún tipo de existencia.

Yo estaba segura de que no sólo estaba vivo en su cuerpo espiritual, sino que estaba muy cerca; sólo que a su madre, debido a la tristeza, le era difícil percibirlo. Mientras procuraba consolarla, oré por ella y pedí a Dios sabiduría para ayudarla y reconfortarla. De repente surgió de la nada, literalmente, una imagen luminosa detrás de la camilla y se fue perfilando la figura tenue y al mismo tiempo clara de un joven sonriente que, de una forma que yo no podría explicar, me decía que estaba allí por un cumpleaños.

Quedé asombrada; no podía elegir callarme, aunque me habría encantado, pues al describir lo que veía corría el riesgo de que ella pensara que yo había enloquecido. Pero, si este era el hijo de Patricia, ¿cómo quedarme en silencio con ese mensaje? Dudé un poco y luego, haciendo acopio de valor, le dije que justo detrás de la camilla, al lado derecho de su cabeza, estaba viendo a un joven que suponía era su hijo, Mauricio, quien me decía, con una gran sonrisa, que estaba allí por un cumpleaños. Le pregunté si tal vez era el cumpleaños de él. Patricia me miró con extrañeza, dejó de llorar, y me contestó que no, que su hijo no cumplía por esos días. En silencio, fijó sus ojos en mi rostro, expectante. Miré de nuevo la figura luminosa del joven, quien parecía divertirse con mi asombro, y con una gran sonrisa repitió que él sí estaba por un cumpleaños, sosteniendo en su mano un globo de fiesta —cosa que no le dije a mi paciente para no extrañarla más de lo que yo ya estaba—; yo sabía que él intentaba explicarme algo más pero no lograba entenderlo.

Miré a la madre. Por un momento comprendí lo absurdo de la situación. ¿Qué iba a pensar ella de esta médica? ¿Que me había enloquecido? Estaría en su derecho. Sin embargo, lo que veía no era una alucinación. De alguna forma entendía que el joven estaba haciendo un tremendo esfuerzo para que lo viera y trasmitiera su mensaje. ¿Podría ser que yo no comprendiera bien lo que intentaba decirme? El mensaje resonaba vibrante en mi mente; no lo oía con mis oídos físicos y aun así era más claro que si lo escuchara físicamente: él estaba por un cumpleaños. Ignoro cuál es el mecanismo de comunicación que operaba en ese momento; escuchaba no con los oídos externos sino con los internos, como cuando uno piensa y escucha sus propias palabras mentales, sólo que no era mi voz mental sino la del joven la que yo oía. El mensaje producía una comprensión, diría yo, instantánea. Así pues, animada por su sonrisa le repetí el mensaje a su madre: "Él está por un cumpleaños. ¿Quién cumple años?", pregunté.

Esta vez el rostro de la madre cambió. "Mañana cumple Mariana, su única hermana", respondió, con sus asombrados ojos aún fijos en mi rostro.

33

Ahora pienso en lo inverosímil que debía resultar para Patricia esa situación. Aunque nos conocíamos desde hacía varios años, ya que asistía regularmente a mi consulta de medicina complementaria, nunca, ni ella ni yo, esperamos este encuentro inesperado con su hijo. Que de repente yo le dijera que lo veía tenía que parecerle bien sorprendente. Por fortuna, el mensaje del muchacho acerca de un cumpleaños era la prueba de que mi percepción no sólo era real, sino, y esto es lo más importante, era el testimonio de que él acompañaba a los suyos en todos los eventos familiares. Mauricio venía con un auténtico mensaje de consuelo y compañía.

Tal vez el hecho de que su nombre saliera en el computador de la clínica no había sido al azar. Si bien en la madre esto desencadenó recuerdos tristes, es posible que sea nuestra cultura la que nos impide hacer asociaciones amables con aquello que nos recuerda a nuestros seres queridos fallecidos. Si aceptáramos que desde el Cielo nuestros amados visitantes se comunican de muchas formas inesperadas, estaríamos atentos a leer asertivamente estas señales como formas creativas de manifestación de su presencia y expresión de su cariño.

Recuerdo una película que narra la historia de una pareja en la cual él fallece y trata de venir a consolar a su esposa. Cada vez que se le acerca en su cuerpo sutil ella percibe su energía, pero en lugar de aceptar que su marido se aproxima para restablecer el contacto y el vínculo de afecto, intentando hacer menos dolorosa la separación, ella, que es una pintora, se desespera al sentir esa energía tan conocida y tira sus cuadros, entrando en estados de gran agitación, sin intuir que es él quien la visita en su "nuevo traje". En lugar de percibir con amor esta nueva y sutil presencia de su pareja, cree que son sus recuerdos, que entonces le desencadenan estados desquiciados. En esta película —escrita, creo yo, por alguien que comprende la realidad de lo que ocurre después de la muerte—, luego de varios intentos del esposo fallecido por consolar a su mujer, este comprende que a pesar de quererla mucho, no debe acercarse más y se retira para siempre. Es entonces cuando se rompe realmente el vínculo en forma muy dolorosa.

¿Esfuerzos inútiles? El duelo de los padres por sus hijos

Desde entonces soy testigo de cuánto se esfuerzan los hijos fallecidos por tranquilizar a sus madres, por explicarles que no sólo están muy bien, sino que las acompañan con frecuencia, las aman y respetan más y valoran el amor y la atención que les dedicaron, ya que desde el Cielo la perspectiva de la vida es más amplia e íntegra.

Igualmente, soy testigo de la aparente inutilidad de este esfuerzo. Digo aparente ya que en realidad todo esfuerzo hecho con amor es útil en alguna medida para el que lo hace, y el hijo o hija que busca consolar a sus padres, aunque no lo logre, está haciendo un bello proceso espiritual personal.

Casi todas las madres tienen un dolor tan profundo que, aunque me dicen salir en paz y reconfortadas cuando ha ocurrido una visibilización[8] de sus hijos en la consulta, sé que esa paz es usualmente pasajera y a la siguiente consulta retornan de nuevo afligidas. El duelo es lento; anhelar verlos como ellas los recuerdan, sabiendo que esto jamás va a ocurrir, rompe su fortaleza emocional. La mayoría de las personas que han perdido un hijo cumplen su deber para con los otros hijos por la sencilla razón de que hay algo poderoso en ser padres y madres que los mueve a hacer lo que tienen que hacer, aunque ya no tengan conexión con la alegría. Por tal motivo, los que tenemos como labor acompañar

---

8   Para efectos de este libro, denominaré de esta manera al proceso por el cual aquellos que usualmente no son visibles, como son las personas que han muerto, cambian su configuración energética o su cuerpo de luz y se vuelven visibles por un corto período de tiempo.

a alguien en su duelo –y eso nos incluye a todos en un momento u otro de nuestra vida– debemos procurar hacerlo con gran cariño, compasión y paciencia.

Se presentan excepciones: hay padres que aceptan la muerte como parte de la vida, recordando a sus hijos con infinita gratitud, como un regalo maravilloso que pasó por su existencia. Sin negar la tristeza que les produjo su muerte, los saben de alguna forma cercanos y presentes de nuevo, lo cual les da una particular experiencia de paz. Mas la realidad es que son pocos y que este estado de aceptación con paz ocurre con frecuencia años después, cuando han terminado de hacer el duelo.

En cada cultura y época la muerte se maneja de una manera diferente. Hace unos siglos el fallecimiento de algunos de los hijos era algo previsible y se sabía de antemano que muchos de los niños nunca llegarían a crecer. Es muy posible que las madres lo asumieran por ello de otra forma. Había muchos más hijos necesitados del amor y los cuidados de la madre. El promedio de vida era corto y ello hacía que se asumiera la muerte con más estoicismo. No se esperaba vivir mucho. Actualmente la expectativa de vida es mayor y por eso tenemos la esperanza de que nuestros familiares y amigos vivan mucho, que vivan hasta envejecer.

Esa es una de la causas por las cuales el duelo de los hijos es usualmente el más doloroso y difícil de elaborar, lo que no significa que otros duelos –como el de los padres, la pareja o los amigos, incluidos esos maravillosos amigos que son las mascotas– sean sencillos. Todos son dolorosos; ninguno es sencillo cuando se ha amado.

La muerte no puede negarse, ocultarse, ni deshacerse. A veces es postergable, pero sólo por corto tiempo. Es el evento inevitable por excelencia. Lo que sí podemos trasformar es la huella que deja en nosotros: lo que ella hace con nuestra vida.

Al preguntarles a muchos de mis pacientes si su llanto y tristeza son consecuencia de haber amado a alguien que falleció, añado la pregunta: ¿será que debemos enseñar a nuestros hijos a que no amen, para que no sufran nunca un duelo? ¿O podemos pensar que la fuerza del amor puede trascender el dolor del duelo cuando le damos el tiempo prudente? Si no amar evitara el duelo, ¿valdría la pena vivir sin amor para luego no sufrir? No, ciertamente no. Amar es lo único que le da sentido profundo a la vida.

Cuando observo la expresión de tristeza en los rostros de luz de algunos de los hijos que han muerto y que procuran visibilizarse en mi consulta para intentar aliviar el dolor de sus madres enviándoles a través de mí sus mensajes de gratitud, alegría, perdón y paz, comprendo la inutilidad de su esfuerzo y del mío por consolarlas, y entiendo cuando los mayores repiten la frase: "Déjenlos ir en paz".

Si bien no pretendo que el que queda acá sin su ser querido no tenga un inmenso dolor, creo que debemos continuar creando una cultura que madure nuestra comprensión acerca de lo que le ocurre a aquel que se va, generalmente en forma inesperada y sin la preparación para ello. ¿Qué le sucede al que muere? Tiene una gran tarea en la que sus familiares y amigos le pueden ayudar; estará de repente fuera del ámbito que conocía y comprenderá que cuando se acerca a sus seres queridos ya no es escuchado ni visto, mientras que sí puede observar el dolor desgarrador que su partida ha ocasionado. Esto último puede resultar inicialmente difícil, pero pronto acepta que, aunque su cuerpo físico ya no le pertenece, que está muerto, él se siente vivo, usualmente en paz y acompañado por familiares y amigos que ya han hecho el paso al Cielo. Ellos, como un comité de bienvenida, le ayudan a comprender lo que le ocurrió. Debe aceptar su cambio de vida, su paso a otra dimensión.

Allí, en el Cielo, verá lo que hizo y lo que dejó de hacer. Hará conciencia de cuáles fueron sus motivos y propósitos; realizará la revisión de su propia vida y tendrá la comprensión acerca de cómo usó ese don que es el tiempo. Esto es algo que sucede usualmente en compañía de seres de luz, guías amorosos que ayudan a que esta autoevaluación sea constructiva, a que se haga no sólo con los ojos de la personalidad del individuo, sino también con los de su alma, que es sabia y comprensiva.

Añadirle a esta tarea, ya de por sí compleja, la de intentar consolar a sus seres amados puede no sólo ser casi un imposible, sino impedir o retrasar su proceso de acceso al Cielo, su destino final, el lugar donde encontrará paz; ese mundo en donde debe continuar su crecimiento, sin las dificultades que tenemos en este. Las familias podemos aprender a ayudar en esta etapa sagrada para que ese viaje se haga con la compañía y el amor que podemos brindarles. Eso hará que sea más fácil esa transición; ellos comprenden que estamos tristes y, si nosotros aceptamos que no los perdemos por completo, que existe un vínculo invisible que mantiene la comunicación, que podemos aprender a fortalecer esa nueva forma de contacto con amor, les ayudamos a ellos a estar en calma y disfrutar del hogar luminoso a donde regresan, y nosotros viviremos un mejor proceso de duelo.

Nuestras emociones los afectan

Una paciente que estaba haciendo el duelo por su pareja y con quien compartía algunas de las reflexiones sobre cómo ayudarlo en su viaje de retorno recordó que cuando una de sus hermanas murió, su madre lloró durante muchos años su partida. No le sirvió ninguna de las ayudas, compañías, terapias, ni incluso el tiempo transcurrido. Ella seguía con el dolor incólume y le era imposible contener las lágrimas que brotaban diariamente. Una mañana, para sorpresa de toda la familia, la madre les anunció que no iba a volver a llorar y, efectivamente, no volvió a hacerlo. ¿Cuál fue la razón? Había tenido un sueño muy vívido con su marido, quien también había muerto, pidiéndole el favor de no llorar más, ya que ese llanto le había impedido por muchos años a su hija cruzar el umbral que le permitiría llegar al Cielo y realmente vivir en paz.

La comprensión clara de lo que sus lágrimas diarias ocasionaban fue suficiente para que la madre, quien de verdad la amaba entrañablemente, suspendiera su llanto e hiciera, en un tiempo récord, el duelo que no había hecho en muchos años. El mensajero del Cielo, el esposo y padre, ¡había logrado su misión!

Al recordar esta historia familiar, mi paciente pudo hacer el duelo de su pareja en una forma consciente, lo cual no significa sin dolor, sino con conocimiento de lo que sus emociones pueden hacer para ayudar o no el proceso de su marido, acompañándolo en su viaje de retorno al hogar, esto es, al Cielo.

He comprendido, luego de muchas experiencias con mis visitantes sutiles, que para ellos llegar al Cielo es como realizar un viaje en avión. Puede hacerse directo o con escalas. En el último caso las paradas dilatan el arribo al destino final, e incluso el viajero podría perder el siguiente avión si no está listo para tomar la puerta de salida correcta y atento al itinerario. Estas escalas son una metáfora de los estados intermedios en que se puede quedar alguien, por sus apegos o temores, por el deseo de cuidar a los que se quedan o de resolver algo pendiente. No acepta pasar al Cielo y prefiere permanecer en su cuerpo de energía cerca de sus familiares o de lo que él o ella puede considerar sus posesiones. Pero si es apoyado por las oraciones, el amor, la gratitud y, si es necesario, por el perdón de sus familiares y amigos cercanos, este viaje se hace en vuelo directo y, al llegar allá, su campo vital se transforma y adquiere la conciencia y la habilidad, según como haya sido su vida acá en la Tierra, para ir y venir a acompañar a sus seres queridos cuando sea necesario.

Si, movida por el dolor de su familia, sus propias acciones que considera inadecuadas, o su falta de preparación espiritual —lo cual es muy común en una sociedad que rehúye hablar sobre la muerte en forma constructiva– la persona que ha muerto no reconoce que existe una vía rápida para viajar al Cielo y se queda en esas estaciones intermedias, intentando, como lo he visto con frecuencia, aliviar el dolor de sus allegados sin lograrlo, permanece en una especie de limbo hasta que en algún momento toma la decisión de desprenderse, ya sea del dolor de sus dolientes o del peso de sus errores; es entonces cuando decide pedir ayuda a Dios –cualquiera que sea la imagen que de Él ha construido–, a la Luz, a aquello que su conciencia vislumbre como lo Bueno, lo que le permita seguir adelante.

Es un instante de libre albedrío; tal vez el recuerdo de alguna enseñanza espiritual o la oración que alguien ha hecho por él (que se transforma en luz en su conciencia y le permite ver la realidad de su situación) le facilitan pedir ayuda. Eso es suficiente para abrir de nuevo el sendero que le permite ser conducido por los seres amigos o familiares, los ángeles o la Luz misma, revestida con cualquiera de las imágenes religiosas con las cuales su mente conoció a la Divinidad.

Durante los primeros meses luego de que un joven ha muerto es cuando más lo veo acompañando a su madre pues ella tiene tan desgarrado el corazón, que le resulta casi imposible hacer el duelo. Aunque inicialmente están animados con la idea de consolarla, con el tiempo me dan a mí, más que a su madre, mensajes de decepción y desesperanza, expresando su cansancio por lo que creo interpretar como un agotamiento del tiempo del que disponían para esta tarea.

Recuerdo a uno de ellos, quien acompañaba siempre a su madre, Esther, una de mis consultantes. A pesar de que realmente ella quería mejorarse, el llanto y la tristeza la anegaban con enorme frecuencia. Ver a los amigos de su hijo, que periódicamente iban a visitarla para estar con ella y brindarle amor, no aliviaba la situación, aunque la hacían más amable por un rato. No quería dejar de verlos, ya que eran una forma de estar en contacto con un aspecto de la historia de su hijo. Cualquier recuerdo, como ver las fotos, la ropa o incluso escuchar la música que le gustaba a él, era una llave que abría las compuertas de las lágrimas en forma imparable. Sólo esperaba morir pronto para ir a encontrar a su hijo.

Esta idea cambió un poco cuando le expliqué que cada persona va al lugar de la Luz que le corresponde, y que su hijo estaba en el lugar que le correspondía a una persona alegre, social, amable y con entusiasmo por la vida; que si ella sólo anhelaba morir y lo lograba, no iría al mismo sitio en el que él se encontraba, ya que no estaba cultivando su desarrollo personal ni el sano gusto por la vida.

Estábamos compartiendo estas reflexiones cuando lo vi a él sentado en el suelo, cruzando las piernas de una forma muy particular, casi en una postura de yoga, con una rodilla doblada en el suelo y la otra contra el pecho, el codo apoyado en esta rodilla y su mejilla contra la mano. Era evidente que deseaba mostrar su malestar. Le describí a la madre esta curiosa actitud de su hijo. Con sorpresa para mí, me contestó que esa era precisamente una postura muy conocida por ella, que adoptaba su hijo desde pequeño y que aún, al crecer, había continuado con ese hábito.

El mensaje era explícito. Estaba aburrido con la depresión de su madre, desencadenada por su muerte inesperada, y ya no sabía cómo ayudarla. En varias ocasiones él me había mostrado que la acompañaba con enorme frecuencia en la vida cotidiana, me aseguraba que en esa otra dimensión a donde había llegado sentía paz, contento, que realmente estaba bien pero que anhelaba que ella comprendiera que su nuevo estado no le impedía recibir y sentir su cariño y amor, ni enviarle a ella el suyo. Por el contrario, era ahora mucho más sensible a los sentimientos de sus seres queridos, y por ello le afectaban el dolor y la desesperanza de su mamá. Él no quería ser la causa de semejante desconsuelo ni de su deseo de morir.

Comprendí que una autoridad mayor, ignoro quién, le indicaba que ya debía regresar al Cielo a continuar con su proceso personal y esperar tranquilo, alejado en cierta manera de su madre, hasta que ella hiciera su proceso de aceptación y reparación. De esta forma, cuando ya hubiera creado una atmósfera interna de paz, él podría de nuevo acompañarla silenciosamente.

Así se lo expresé a ella, de la manera más dulce y prudente que fui capaz. Hay un momento para sanar las heridas. Para hacer silencio interior, cerrar la compuerta de las lágrimas y abrir la del amor sereno que conecta con el Cielo. En otras palabras, desprenderse del apego al pasado para amar en presente al ser que nos quiere y que queremos. El mejor homenaje para ellos es construir nuestra paz, nuestro reencuentro con la vida y lo que tenemos alrededor.

Reconectarnos con el ser querido implica reconectarnos con la vida

Esto no es algo para hacer a los pocos días de la partida de un ser querido. Ocurre poco a poco, al igual que una herida no sana de inmediato, sino que necesita de cuidados y tiempo para permitir que la naturaleza obre sobre lo que nuestra voluntad no tiene alcance. Ninguno de nosotros, excepto algunos yoguis, podría reparar la fractura de un hueso en minutos. Se requiere inmovilizarlo con un yeso o una férula especialmente diseñada, y a veces es necesaria una cirugía. Luego, pasadas semanas o incluso meses en las fracturas más complicadas, se retira el yeso y el paciente debe dedicarse a la rehabilitación, que requiere tiempo, esfuerzo y aceptación inicial del dolor cuando se comienza a mover el miembro que se había fracturado. Todo aquel que ha vivido la rehabilitación de una fractura sabe que, antes de lograr la recuperación total, pasa por unos ratos de dolor. ¡Ir a la fisioterapia se convierte en una tarea indispensable pero dolorosa!

Un duelo es algo similar. Algo muy profundo se rompe en nosotros: el corazón. Esto no es tan sólo una metáfora; que no se pueda evidenciar en un electrocardiograma no significa que las fibras más sutiles de la energía que alimentan nuestro corazón no se hayan lesionado. Cuando alguien ha tenido una pérdida importante de cualquier tipo, es frecuente que describa dolor en el corazón, opresión, lo siente fracturado, encogido, roto, desbaratado o apretado; puede incluso dibujar con el dedo en su pecho la dirección y la longitud de la fisura o la herida. Esta herida está en nuestro cuerpo de energía, ese que sentimos todos pero que no es visible ni medible, como lo es el cuerpo físico.

Así como la naturaleza nos provee de elementos para reparar heridas y huesos, igualmente nos brinda elementos internos para sanar esas heridas del corazón que ocurren en los duelos, procesos que son más consustanciales a la vida que las mismas heridas físicas. La naturaleza sabe del dolor y de lo inevitable de los duelos. Todos tenemos una parte instintiva que, si sabemos escucharla, nos guía en el proceso de sanación interior, lo mismo que algo nos guía para cuidarnos una herida. Recogernos, llorar, buscar consuelo, aislarnos por un tiempo de la vida social, orar, recordar... Todo ello es necesario, y cada uno intuye qué recurso necesita su proceso individual y su personalidad única.

Si nos damos tiempo y no nos desesperamos, la herida del corazón sana de manera gradual, la vida retoma su curso y, aunque nada es igual a como se vivía antes de la muerte de alguien muy cercano, sí hay posibilidad de tomar la decisión de honrarlo con nuestro amor y voluntad de vivir.

Esther comprendió esto. Si seguía sembrando en su mundo interno dolor, tristeza, aislamiento y deseo de morir, la cosecha no sería buena: solamente más dolor, tristeza y aislamiento. Esas son las matemáticas de la vida. Se alejaría no sólo de su hijo, sino de su propia labor en la vida. Tomó entonces la valiente y amorosa decisión de apagar las voces que en su interior la invitaban a la nostalgia, el recuerdo doloroso y la pena.

Se dijo a sí misma que podría ayudar a su hijo a tener la alegría y la paz que él merecía; su amor por él y la certeza de su presencia le dieron la fuerza para cambiar. Dedicó un tiempo importante a leer sobre temas espirituales, viajó a India e interiorizó que hay una tarea que sólo uno puede hacer por sí mismo: abrir el corazón, al otro y a los otros, vincularse de nuevo a la vida y cumplir con las labores que el destino nos pone con lo mejor de nuestros talentos, comprendiendo que una buena parte del destino la construimos nosotros, y la otra, aquella que en apariencia nos llega sin saber cómo ni por qué, trae tanto de inesperadas cosas buenas, como de difíciles y adversas; ante ellas podemos elegir cómo responder, en una o en otra circunstancia. Esas elecciones ante lo inesperado son, precisamente, las que van construyendo nuestro destino futuro.

Esta decisión le permitió reencontrarse con su hijo a otro nivel, confiar en su cercanía frecuente, fortalecer los lazos del corazón. Restablecer el diálogo con él, hablarle con la certeza de que la escucha, pero aprendiendo la nueva tarea de percibir su silenciosa respuesta.

Es necesario aceptar que la vida continúa para todos; que ellos, los habitantes del Cielo, al igual que nosotros, tienen actividades que realizar y no necesariamente se tornan en nuestros ángeles guardianes, acompañándonos a todas partes. Son seres espirituales, como nosotros, en un proceso de desarrollo y crecimiento en otras dimensiones, lo cual requiere dedicación, conciencia, atención y tiempo.

Cuando alguien va a la universidad, debe dedicar prioritariamente su tiempo para el estudio, aunque también lo tiene para compartir con la familia y los amigos, incluso para trabajar; de igual forma, en el Cielo sus habitantes tienen diversas tareas para realizar, pero disponen de momentos para acompañar a sus seres queridos en la Tierra, en especial cuando ellos los necesitan, o en aniversarios, cumpleaños y eventos especiales; sin embargo, rara vez pueden estar absolutamente disponibles para acompañarlos todo el tiempo. ¡Perderían la paz del Cielo sin lugar a dudas! No sólo eso: si lo hicieran abandonarían el trabajo que su proceso evolutivo requiere. Teniendo esto en cuenta, podemos "dialogar" con ellos sin pensar que los estamos molestando.

Les encanta que les hablemos

Así como no nos sorprende que alguien en un país lejano nos conteste un mensaje por el teléfono celular o la computadora, y sepa exactamente quiénes somos, no debe asombrarnos que, cuando hay lazos de amor, al evocar la imagen del ser querido, le llegue el mensaje que le enviamos mentalmente. Éste es uno de los planteamientos que recibo más frecuentemente de parte de mis "visitantes".

Por ello, sin anhelar que todo el tiempo estén a nuestro lado, así como en la vida cotidiana no pretendemos que nuestros familiares o amigos estén cerca en cada momento, excepto en ciertos tiempos de enfermedad o calamidad, sí podemos, y para ellos es grato, continuar comunicados. Se mantienen disponibles para escuchar nuestros mensajes de amor, gratitud o perdón, nuestra solicitud de ayuda o simplemente para compartir una idea o un sentimiento que nos ha surgido. En cuanto a los favores que les pedimos, debemos recordar que no son magos. No pueden resolver nuestros problemas de trabajo, enfermedad, etc., pero sí ayudarnos a tener fortaleza, intuición y paz. También pueden interceder por nosotros pidiendo ayuda a niveles superiores, pero sólo un poco más de lo que podemos hacer nosotros mismos cuando solicitamos ayuda a Dios.

Cuando pregunto a mis pacientes si hablan mentalmente con sus familiares fallecidos, algunos me contestan que no quieren molestarlos. Vale la pena aclarar esto: los perturbamos cuando lloramos desconsoladamente por tiempo indefinido, no aceptamos su partida, les reprochamos su muerte y nos negamos a volver a ser felices. Esto les molesta, sencillamente porque les duele y se ven obligados a alejarse de nosotros, como lo hacemos en nuestra vida cotidiana cuando decidimos alejarnos de alguien que, aunque queramos mucho, vive en actitud de reclamo, queja y tristeza.

Los molestamos cuando les pedimos imposibles, cuando pretendemos que ellos hagan lo que debemos hacer por nuestro propio esfuerzo. En estos casos es mejor "dejarlos en paz". No pueden conseguir el empleo que soñamos, pagar las deudas, ahuyentar al novio de la hija, ni detener el avión cuando llegamos tarde al aeropuerto. Eso no es de su competencia. Ignoro si son labores que les correspondan a los santos, pero no creo que sean las de nuestros seres queridos. Otra cosa es pedirles su compañía mientras pasamos por una adversidad. Esa sí es una de sus tareas, que además realizan con enorme cariño.

No los molestamos en absoluto, e incluso les encanta, cuando compartimos con ellos nuestra vida cotidiana, celebramos con ellos las cosas buenas que nos ocurren y recurrimos a pedirles que nos ayuden a tener paz y fortaleza cuando algo nos entristece. Ellos siguen siendo humanos, no se transforman en sabios ni en genios de una lámpara mágica al instante de pasar al Cielo. Tienen una mejor perspectiva, eso es todo: es en eso en lo que nos llevan una enorme ventaja. Ya revisaron su propia vida, saben que todo es pasajero, incluso las adversidades, y que estas tienen un propósito generador de talentos, o corrector del uso inadecuado que de ellos estemos haciendo. Desde donde están, acompañados y guiados por seres sabios, su nueva perspectiva les permite comprender y sentir mejor qué es en realidad la fuerza del amor y del perdón.

Una vez comprendido esto, podemos comentarles y compartir con ellos lo que ocurre en nuestro mundo interno. Más aún, ellos lo ven con más claridad que nosotros mismos. El dolor, la rabia, la angustia, el temor, la alegría y en general todas las emociones y sentimientos se proyectan como vibraciones y colores a nuestro alrededor. Si acá en la Tierra es relativamente fácil saber qué emoción tiene alguien cercano por su lenguaje corporal, más fácil lo es para los del Cielo, que tienen visión espiritual y observan con facilidad lo que proyecta nuestro cuerpo emocional. Si estamos dispuestos a recibirlas, nos pueden regalar sus vibraciones de amor, compañía y consuelo, tal como lo haría un ser querido en la Tierra, con la diferencia de que su energía puede ser más poderosa. Esto difiere según el trabajo que cada uno de ellos haya desarrollado en su vida terrena. No es lo mismo pedirle fortaleza a la abuela que fue amorosa y compasiva que al tío que toda su vida fue adusto y antipático.

Cada uno aporta lo que es

La sabiduría es algo que cada ser trabaja y logra por su propio esfuerzo. Al morir, cada uno de nosotros tendrá distinto nivel de ella según lo que cultivó y buscó en su vida terrenal; con él nos vamos a la otra dimensión. Unos siembran más que otros y de ello dependerá su respectiva cosecha. La sabiduría en el Cielo, al igual que acá, no está dada por los títulos académicos sino por la comprensión y la práctica del amor, junto con el desarrollo de los talentos personales. En otras palabras, la cosecha que se lleva al Cielo es la práctica del buen obrar, de acuerdo con las capacidades propias de cada persona. Con seguridad le puedo solicitar a mi abuelo, que era un excelente médico, su compañía en los casos difíciles de mis pacientes, y a mi mamá, una abuela maravillosa, le puedo pedir que acompañe a mis hijos. Si tengo un problema administrativo o legal, mi padre estará cerca, ya que fue un magnífico abogado y asesor de empresas. Sé que no les molesta, ni con ello les estoy pidiendo milagros. Su compañía, su consejo e intercesión con los seres de luz y con Dios, pero en especial su amor, son una fuerza poderosa capaz de transformar nuestra forma de ver y de pensar la vida. Así nos ayudan a encontrar soluciones a los acertijos que la existencia nos pone y que llamamos dificultades.

3

Auxiliares invisibles

El dolor llena de lluvia los ojos mientras
el amor y la gratitud llenan de luz el corazón.
Cuando hacemos un duelo, de lluvia y luz
nace un arco iris, el símbolo de conexión
entre la Tierra y el Cielo

Abuelos que aportan su experiencia

Como ya mencioné, en mi familia, desde que tengo recuerdos, hablar del Cielo ha sido algo usual y cotidiano. Mi mamá quedó huérfana de padre a los doce años, y su madre, mi abuela, viuda a los treinta y dos años, con ocho hijos vivos (tres habían muerto muy pequeños), tenía una difícil tarea que enfrentar. Su esposo, es decir, mi abuelo, continuó desde el Cielo la labor de proteger y ayudar.

Cuando yo era adolescente, en casa de mi abuela escuchaba conversaciones cotidianas, como ocurre en cualquier familia. Muchas veces oí que Bernardo —alguien que yo no conocía— había ayudado a encontrar una cédula o un documento perdido, a que un taxista detuviera su camino y ayudará a mi abuela a cambiar una llanta ponchada, a que algo que no parecía posible finalmente

ocurriera. En mi imaginario pensaba que él debía ser un excelente vecino que le ayudaba a mi abuela y me extrañaba que
yo nunca hubiera coincidido con él en mis visitas. Un día, ya
intrigada, pregunté quién era el tal Bernardo que apoyaba tanto
a mi abuela.

Una carcajada general fue la respuesta inicial a mi ingenua
pregunta. Todas mis tías allí presentes me miraron divertidas. El
tal Bernardo era mi abuelo, que incluso fallecido seguía siendo
parte de la familia, y a quien se acudía para que ayudara en toda
clase de búsquedas; no era que le pidieran milagros, sencillamente
pensaban que él tenía una perspectiva más amplia, aunque yo creo
que en alguna forma sí podemos denominar pequeños milagros
las cosas que hace mi abuelo.

Su influencia va más allá de los límites de la familia: a mi hermana la llaman sus amigas cuando han perdido documentos u
objetos, para pedir que le ruegue al abuelo que los encuentre. Mi
hermana, al igual que lo hacemos todos los miembros de la familia,
reza un Padrenuestro y le pide que ayude a encontrar el objeto
extraviado. Es impresionante la lista de cosas que han aparecido
luego de haber sido buscadas infructuosamente, incluso durante
varios días. (cabe anotar que con los objetos robados ¡no puede
ayudar!).

Recuerdo que a los ocho años mi hijo Andrés era un ateo em-
pedernido, y con serios argumentos filosóficos, sostenía que si Dios
existiera no podría permitir todo lo que ocurría en Colombia. En
aquella época la violencia azotaba campos y ciudades, y las bom-
bas se escuchaban tanto de noche como de día, a veces cercanas
a nuestra casa, sin respetar la vida de nadie. Era imposible que un
niño no se enterara de lo que sucedía cuando un estruendo que
ponía a retumbar vidrios y paredes lo despertaba y luego escuchaba
las sirenas de las ambulancias. Los adultos no podíamos negar la
realidad, aunque procuráramos maquillarla. Mis charlas sobre Dios

eran rechazadas con los mejores argumentos que podría argüir un ateo en el debate con un creyente. Como yo también había sido atea cuando pequeña, precisamente al ver los secuestros y muertes que ocurrían en mi patria, lo respetaba, guardando la esperanza de que hiciera el mismo tránsito hacia creencias espirituales que hice yo en mi momento.[9]

Un día temprano, antes de salir a tomar el autobús del colegio, llegó angustiado a pedirme que le ayudara a buscar su cuaderno de tareas que debía presentar, pues tenía que llevarlo si no quería una mala nota en un trabajo importante. No lo encontraba a pesar de estar buscándolo desde hacía un buen rato. Le ayudé a buscar en su cuarto sin resultado. Estaba a punto de echarse a llorar. Entonces le dije que rezáramos un Padrenuestro y le pidiéramos al abuelo Bernardo que lo encontrara. Me miró como quien mira a un demente. "¿Quién quita que sirva?", le dije. "¿Qué tal que el Cielo sí exista y el abuelo te ayude?", añadí. "Bueno, no perdemos nada, por favor reza", me contestó. "Reza tú también, es a ti a quien se le perdió el cuaderno", repliqué. Cerró sus ojos y oró. Yo igual. Luego salí corriendo a llamar a mi madre por teléfono, y le solicité que por favor orara un Padrenuestro y le pidiera a su papá que encontráramos pronto el cuaderno de tareas, ya que de paso estaba en juego la fe de Andrés, sobre la que tantas veces ella y yo habíamos hablado.

Cuando colgué, subí a su cuarto y él bajaba ya por las escaleras, pálido, asombrado y feliz al mismo tiempo. Había encontrado el cuaderno encima de su escritorio, lugar donde tanto él como yo habíamos buscado afanosamente unos minutos antes. Salió corriendo a tomar el autobús pero alcancé a decirle: "El abuelo te

---

9   Colombia ha hecho un enorme esfuerzo por mejorar las condiciones de seguridad, y, aunque aún existen dificultades, son mucho menores que las que teníamos en la década de 1990, y no hemos vuelto a padecer esos días aciagos de violencia generalizada e indiscriminada. Es un país donde podemos vivir cada día con mayor seguridad.

ayudó". Él contestó emocionado y aún sorprendido, como quien acaba de encontrar un nuevo amigo: "Sí, ¡me ayudó!".

Después de ese episodio, Andrés abrió una ventana a la posibilidad de aceptar la existencia de Dios y de otras dimensiones invisibles. Desde entonces ha estudiado diferentes creencias religiosas, la justicia y la injusticia, cómo los actos erróneos aquí deben ser reparados después y cómo la vida no termina en este ciclo de vida terrenal: que el proceso de evolución continúa luego en el Cielo y, según muchas corrientes de pensamiento respetables, en repetidas vidas, en distintos lugares y dimensiones, hasta que logremos el reencuentro final con Dios. Nuestro filósofo sigue siendo filósofo; mantiene el debate y el cuestionamiento intenso en la familia y confronta nuestras creencias mostrando ideas y postulados de grandes pensadores mundiales sobre las leyes de la vida; eso nos ayuda a crecer, ampliar la estrecha mirada que a veces tenemos sobre el mundo y su pocas veces comprensible funcionamiento.

Cuando mi hermana Beatriz acababa de tener a su primer hijo, una prima, Clara Inés, estaba gravemente enferma en otra clínica de la ciudad, con una meningitis viral. Beatriz sintió con claridad a mi abuela, fallecida varios años atrás, quien amorosamente le estaba reclamando el hecho de que no le hubiera ofrecido el bebé.[10] Llamó a contarle esa extraña visita a mi prima, quien a su vez le dijo que hacía poco rato ella había visto a mi abuela visitándola. Ambas se sintieron reconfortadas y envueltas en un halo de paz y amor; esto le ayudó a mi hermana a recordar que los familiares que nos han amado siempre están con nosotros, y como tal, podemos tenerlos en cuenta en las celebraciones familiares, y a mi prima le

---

10 Era costumbre en Colombia, cuando nacía un bebé, que la mamá llamara a "ofrecer" el bebé a sus familiares y amigos. Era una forma de denominar esa presentación en sociedad del nuevo miembro familiar, y hacerlo era una muestra de afecto y cariño de la mamá para con aquel o aquellos a quienes se ofrecía el bebé.

dio la fortaleza y la sensación de compañía necesarias para pasar su difícil momento. Como tenía meningitis, el resto de familiares no podíamos visitarla para evitar la posibilidad de contagiar al recién nacido, y por esto estuvo un poco sola.

Mi abuela había tenido once hijos, sabía lo que era ser mamá en toda la extensión de la palabra y por ello era la apropiada para acompañar y celebrar con mi hermana su primera maternidad. Además, sufrió una larga y dolorosa enfermedad que manejó con elegancia y aceptación, y fue un modelo para todos durante muchos años; por ello, era igualmente la indicada para acompañar a cualquiera de sus descendientes en un proceso de dolor o enfermedad, pues había acumulado una gran sabiduría en ese tema. Allí el abuelo tal vez no podría brindar ayuda.

Quiero resaltar que, para esa época, mi hermana y mi prima no meditaban, ni tenían ningún talento especial para ver visitantes del Cielo. Simplemente estaban en un momento crucial de sus vidas y ambas tenían fuertes lazos de cariño con la abuela. Esos lazos permiten que en determinados momentos nuestros ancestros puedan manifestar su ayuda, como lo he escuchado en relatos de varios de mis pacientes. Han visto a sus familiares muertos auxiliándolos y protegiéndolos en casos de accidentes, atracos y otras situaciones difíciles.

Las adversidades no son las únicas circunstancias en las que se presentan los moradores del Cielo. Como en el caso de mi hermana, lo hacen también en los momentos más sencillos de la vida cotidiana, en circunstancias en las que requerimos consejo o simplemente cuando necesitamos una buena compañía.

Como suelo acompañar a mis pacientes que están en procesos de enfermedades terminales, los visito con frecuencia y ello permite establecer relaciones de cariño y camaradería, al punto de poder hablar con libertad sobre la muerte, el Cielo, sus expectativas y creencias al respecto. En varias ocasiones me han comentado que, estando despiertos y lúcidos, ven a sus padres sonrientes y amorosos cercanos a ellos, rodeados de halos de luz. Casi siempre entienden el mensaje y a los pocos días se van al Cielo, acompañados por su familia invisible.

Esposos que cuidan desde el más allá

Siempre que me es posible, invito a consulta a las parejas de aquellos pacientes que han muerto a que me permitan acompañarlas en su duelo. Luego de realizar esta labor con muchas personas en su proceso de muerte y transición al Cielo, sé que una de las mejores ayudas que les puedo brindar en ese viaje es facilitar, hasta donde me sea posible, el proceso de duelo de sus seres queridos. Por ello, estaba en mi consultorio acompañando a María, la esposa de un paciente que había fallecido hacía unos cuatro meses; aunque había estado notablemente tranquila durante las primeras semanas, ese día estaba anegada en llanto.

Con gran dolor, expresaba la falta que le hacía su esposo, el vacío que sentía, y los pensamientos que rondaban su mente sobre dónde estaría él, cómo sería la vida en otra dimensión y la tristeza de no poderlo sentir cerca por más que se esforzaba en ello, ya que habíamos hablado de ese tema en consultas anteriores. Yo procuraba darle soporte y consuelo, cuando llamó mi atención una mano sutil que se fue dibujando al lado izquierdo del cuello de María: con el dedo índice extendido señalaba la unión del cuello con la espalda; era la mano de Alejandro, su marido, mano que yo conocía, pues más de una vez la había tomado entre las mías mientras conversábamos sobre su preparación para morir.

Estaba segura de que él me estaba indicando un problema de salud de María. Aunque procuraba mantener mi atención en los sentimientos de duelo y las dudas que ella expresaba y no quería interrumpirla, ante el hecho de que la mano señalara con insistencia el lado izquierdo del cuello, no tuve más alternativa que preguntarle si le ocurría algo en esa zona. Efectivamente, desde hacía varios días tenía un espasmo, o severa contractura muscular, en el cuello, al lado izquierdo, y, aunque había tomado varios medicamentos, su tortícolis no cedía sino que, por el contrario, empeoraba.

Ante esas evidencias de que lo que "veo" –con ese sentido "visual" que no es el físico sino el espiritual– es real, y que el mensaje que me comunican es cierto, siento cada vez una emoción que me humedece los ojos con lágrimas que debo contener para que paciente y médica no nos ahoguemos en llanto, el de ellos de tristeza, el mío de genuina emoción al ver el esfuerzo que hacen los familiares muertos por dar a conocer su presencia, su compañía y su forma de decir "acá estoy". No niego que parte de mis lágrimas también son de tristeza, pues a pesar del gran esfuerzo de sus muertos, la mayoría de sus familiares parecen no ver, no sentir ni comprender que siguen acompañados y cuidados, en especial cuando antes de la muerte se han construido lazos de amor y cariño.

Por ello, aunque decenas de veces me han ocurrido estas manifestaciones, vacilo un poco antes de comunicarlas al paciente que está reposando en mi camilla o sentado frente a mí.

Si le digo a alguien que acabo de recibir una llamada telefónica o un correo electrónico enviándole tal o cual mensaje, lo creerá de inmediato y no pensará que es falso; tendrá confianza absoluta en que esto es verdad. Aunque ninguno me lo ha expresado directamente, considero que mi credibilidad cambia cuando les digo que estoy viendo a un familiar o amigo fallecido, en su cuerpo de luz, enviándole un mensaje o simplemente mostrando su presencia como señal de compañía y amor. Intuyo que algunos lo creen y otros piensan que algo raro me ocurre, que es imposible que alguien vea a los muertos, así diariamente le sucedan a muchos otros experiencias similares a las mías.

A pesar de vacilar y sentir que preferiría callar, mi lealtad no es hacia mi timidez para hablar sobre este tema sino hacia el visitante que ha hecho el esfuerzo de visibilizarse para ayudarme, dar un mensaje o, en el caso concreto de María, ayudar a su esposa adolorida. Alejandro era ya un amigo para mí, pues lo había acompañado durante varios meses, hasta poco antes de viajar al Cielo, y no podía fallarle. Elegí cuidadosamente mis palabras y le expliqué a María que la pregunta sobre el dolor de su cuello era porque mientras ella estaba hablando yo "veía" la mano de su marido señalándolo. El hecho de que tuviera dolor exactamente en esa zona era una maravillosa prueba de que Alejandro estaba atento, sabía de su dolor y quería ayudarla. Aunque ella no tuviera la capacidad de verlo a él, era evidente que él sí podía verla.

Hice mi trabajo médico para aliviar el dolor físico. Le pregunté si había comido cerdo, mariscos o pescado, los cuales, en mi ya larga práctica de medicina alternativa, he visto que son una importante causa de intoxicación que deriva en espasmos y dolores de espalda, en especial del lado izquierdo. María me confirmó que sí, que había estado consumiendo jamón serrano desde hacía unos días y que, efectivamente, su dolor de cuello sí coincidía con el consumo del jamón. Le pedí que lo suspendiera, le hice terapia neural en el abdomen, donde estaban las toxinas del cerdo, y con eso obtuvo alivio de su dolor físico en el cuello. Su dolor emocional fue igualmente sanando, pero con menor velocidad que el físico.

No me extrañó ver sólo la mano en lugar de todo el cuerpo, como usualmente sucede. Alejandro había partido hacía pocos meses hacia el Cielo y, según les entiendo a mis visitantes, estaba reconfigurando su cuerpo energético. Él aún no tenía la capacidad de hacer que este cuerpo se "visibilizara" completo. No me queda otro recurso que acudir al lenguaje visual para expresar lo que percibo mediante la visión espiritual o psíquica –si se me permite esta expresión–, no con los ojos físicos, pero que capto y llevo a la mente, quizas también al cerebro, como imágenes de formas y colores emitidos por un ser o un objeto desde otra dimensión. La diferencia es que quien emite no está en la dimensión física tridimensional en que se mueven nuestros cuerpos terrenales sino en otra, desde la cual también puede interactuar con nosotros.

Aprender a viajar al Cielo

Años atrás me había sucedido algo similar: Francisco era un hombre sencillamente extraordinario en toda la acepción de la palabra. Varios meses antes de su fallecimiento había venido a mi consulta, solicitando algo que nunca antes me había pedido un paciente. "Quiero que me ayudes a morir y me digas cómo, para hacerlo de la mejor manera. Conozco bien mi enfermedad y me han dicho que no tiene cura. No te preocupes por curar mi cuerpo", me dijo sonriendo, procurando tranquilizarme. "Quiero morir bien, para eso vengo a hablar contigo".

No se trataba de pedir una eutanasia. Era la aceptación de que su enfermedad, un cáncer terminal incurable, le estaba dando el tiempo para una despedida consciente, amorosa y noble, tal como había sido su vida. Quería usarlo en la mejor forma posible para que su paso al Cielo se hiciera de manera espiritual. Él aceptaba todos los tratamientos que le ofrecía la medicina convencional pero sabía que, estadísticamente, no servían sino para prolongar su vida unos cuantos meses y los quería emplear para acercarse aún más a Dios, fortalecer su espiritualidad, despedirse bien.

Tenía esposa y dos hijos, niño y niña, menores de diez años, a los que adoraba. Su éxito profesional era el resultado de un gran talento intelectual, sumado a una personalidad carismática, servicial y comprometida. La espiritualidad cristiana había nutrido toda su vida y no dejó ningún rincón de su carácter sin permear por el agua de las enseñanzas de Jesús, que practicaba con amor, en silencio, ayudando a todo el que podía.

Era realmente un hombre fuera de serie, de lo mejor que he conocido. Alguien que uno pensaría merecía vivir muchos años más para ser ejemplo en un país y un mundo que necesitan seres como él. Y venía precisamente a decirme que iba a morir. ¡Qué paradoja! Así es la vida. Francisco la aceptaba con ecuanimidad y nunca escuché una queja de su parte al respecto: a miles les sucede diariamente, ¿por qué no a él? No dudaba de la existencia de otra vida a continuación de esta, quería hacer bien el viaje, enterarse de qué pasaba y cómo ocurría.

Cada consulta con Francisco en los meses siguientes fue un tesoro para mí. Su charla amena nutría el espíritu y tuve el privilegio de sentirme su amiga y saber que el sentimiento era recíproco. Era un hombre amoroso, inteligente, perspicaz, con el que se podía hablar de temas que casi todos rechazan: la muerte, el duelo, cómo despedirse de sus familiares... De todas maneras, yo trataba de mejorar su salud, era mi deber médico. Él aceptaba todo con tranquilidad, y hacía lo que le indicaba para el cuerpo, pero lo que más le interesaba era lo que hablábamos sobre el espíritu; su alma ya le había indicado el camino: sabía que estaba iniciando su regreso a casa.

Francisco cumplía a cabalidad las tareas que yo le ponía, continuando con su vida familiar y profesional de la mejor forma posible. Leyó y disfrutó el texto cumbre sobre el tema, *El libro tibetano de la vida y de la muerte*, del lama Sogyal Rimpoché; no perdió el tiempo lamentando su situación y lo utilizaba, en la medida que sus responsabilidades se lo permitieron, en leer, meditar, orar; compró unos regalos que quería que a su nombre les fueran entregados a su esposa e hijos en momentos de cumpleaños y eventos especiales, como los grados; dictó las cartas con los mensajes que acompañaban esos presentes, que han sido entregados en dichas fechas, manteniendo así su presencia y enseñanzas como esposo y padre. Martha, su esposa, se transformó en su escribiente cuando, debilitado por la enfermedad, era incapaz de escribir pero aún podía dictar.

Fortaleció los lazos del corazón. Todos los días hacía una bella meditación en la cual visualizaba cómo desde su corazón salían hilos de luz hacia su familia y sus amigos. Estos lazos de amor resisten el embate de la muerte y permiten que los seres queridos nos cuiden desde el Cielo, que las vibraciones sanas y espirituales que ellos emiten nos lleguen por ese canal, el cual debe ser construido antes de la muerte. Este canal lo podemos construir ante todo con actos de cariño, respeto, amor y dedicación. La visualización fortalece los lazos pero no es indispensable.

Francisco arregló sus asuntos personales y laborales, intensificó su vida de oración y aceptó estar en cama ya que la fuerza de su cuerpo no le permitía desplazarse. Fui varias veces a su hogar y nos despedimos. Anunció qué día iba a morir: ya estaba en comunión con su alma, tenía claro cuándo iba a desplegar sus alas para volar hacia la Luz. El día anunciado, efectivamente, emprendió el viaje al Cielo, acompañado por su familia, luego de despedirse de ellos y sus amigos cercanos; un santo silencioso retornaba al Hogar. Lo llamo así al tomar al pie de la letra una afirmación de la Madre Teresa de Calcuta, quien decía que ser santo es hacer la voluntad de Dios con alegría. Francisco es uno de los miles de santos silenciosos que pueblan el Cielo y nos ayudan mientras aún estamos en esta escuela que es la Tierra.

Invité a Martha un mes después para que me permitiera acompañarla en su proceso. Cuando alguien está dedicado a cuidar a un familiar con una enfermedad terminal pasa a ser un héroe invisible, y casi que invencible. Todas las fuerzas de la familia y el sistema médico se concentran en el enfermo y se da por sentado que el cuidador o cuidadora debe tener todos los recursos físicos, emocionales, mentales e incluso económicos para hacer lo que haya que hacer, en especial lo que al gremio médico se nos ocurre, lo cual no siempre es sencillo. No pueden dejarse vencer por la tristeza, el cansancio, la impaciencia o la rabia. La salud de su ser querido o la calidad de sus últimos días está en juego y hay que hacer todo lo necesario por ellos. Martha lo había hecho todo y mucho más; estaba agotada, destrozada. Contaba con una gran riqueza, que se puede convertir en fuente de enorme dolor: el recuerdo de su vida al lado de un hombre maravilloso, al que ella había acompañado con gran amor y dedicación. Ninguna culpa. Sólo amor y gratitud flotando en un mar de dolor por su ausencia.

El dolor llena de lluvia los ojos, mientras el amor y la gratitud llenan de luz el corazón: lluvia y luz crean un arco iris cuando hacemos un duelo, el símbolo de conexión entre la Tierra y el Cielo.

Ojalá, querido lector o lectora, cuando tengas lluvia en los ojos y un sol de amor en tu corazón, recuerda que ese arco iris te comunica con el ser que amas y, si tienes una pausa, haz silencio y recibe el amor y la gratitud que ese ser, en el Cielo, desde el otro lado de tu arco iris, te envía de retorno cuando ha recibido tu mensaje.

Martha tenía ese arco iris, llena de emociones que inundaban su corazón: tristeza, amor, cansancio, bellos recuerdos, soledad, temor al futuro… Esas emociones se escapaban del pecho y le fluían como lágrimas que brotaban silenciosas y resbalaban por sus mejillas impidiéndole hablar. Yo estaba de pie, al lado de la camilla donde ella se recostaba, recordando a esa excelente persona que había sido Francisco. A mi lado, primero imperceptiblemente y luego sin que pudiera dudar, surgió una mano; era una mano en penumbra, como si saliera de una dimensión desconocida, atravesando un velo invisible, detrás del cual estuviera su dueño. La mano señalaba un lugar concreto en el abdomen de Martha. Esa mano era de Francisco. ¿Qué me mostraba? Él percibía en su cuerpo algo que yo no veía. Para aclarar le pregunté a ella, tocando el sitio específico que él me señalaba: "¿Te duele acá?". "Sí, mucho", me contestó. "Tanto que el médico piensa que tal vez yo también tengo cáncer, sólo que no he tenido tiempo de hacerme todos los exámenes que me pidió".

Recuerdo que me tambaleé con la noticia: los niños eran muy pequeños para quedarse sin padre y madre en tan poco tiempo. Sin pensarlo mucho, supuse que si Francisco me señalaba ese lugar era porque aún podía hacerse algo. Tomé el *soft láser*,[11] busqué las frecuencias adecuadas, pedí inspiración al Cielo y lo pasé sobre el lugar que me indicaba mi ayudante invisible. Desde ese momento el dolor desapareció. Si era cáncer y una fuerza divina lo sanó, o nunca fue cáncer sino tan sólo un dolor intenso, de origen desconocido, nunca lo sabré; sólo sé que en realidad había sido yo la auxiliar de un marido amoroso que quería aliviar a su esposa y necesitaba un instrumento para ello.

Le expliqué que él era quien me había señalado su dolor; con ello se constataba que él estaba presente y consciente de lo que a ella le estaba ocurriendo, que podía confiar en la promesa que le había hecho de seguirla acompañando y cuidando en lo que le fuera posible. Así ha sido todos estos años; Martha ha sentido en múltiples ocasiones la presencia de Francisco, quien visita ocasionalmente mi consultorio cuando ella asiste. Ella ha asumido con enorme madurez las circunstancias que la vida le ha traído, procurando mantener la alegría, la calma y vivir en el presente. Esto no excluye que se dé permiso para llorar, para flaquear o pensar que no tiene elementos para solucionar circunstancias imprevistas. Pero es sólo por ratos; tiene el compromiso de recordarse a sí misma que en el Cielo tiene buena compañía, y que si ella hace lo que le corresponde, el Cielo también hará su parte.

En la medida en que me fue posible, le envié el texto de este libro a cada paciente sobre quien escribí o a sus familiares, para

---

11 Láser de baja penetración que se usa en ciertas formas de auriculoterapia y sintergética, técnicas de medicina alternativa.

preguntarles si se sentían cómodos y estaban de acuerdo con lo escrito ya que en muchas ocasiones han trascurrido varios años desde que sucedió lo narrado y podríamos tener distintos recuerdos sobre lo ocurrido. Una noche sentí la necesidad imperiosa de enviar a Martha el texto sobre Francisco. A pesar de que fue una de las primeras historias que escribí, no había sacado el tiempo para hacerlo. Intenté enviarlo desde el computador de mi biblioteca pero no pude ya que allí no funcionaba la red de internet. Una fuerza silenciosa, mejor diría, imperiosa, me impulsaba a enviarlo de todas formas, así que bajé a mi consultorio para ver si allí funcionaba la red; ya era de noche, estaba cansada y quería acostarme temprano luego de haber trabajado todo el día, pero algo en mi interior me decía que debía hacerlo. Logré enviarlo finalmente, aunque ya era tarde en la noche. Éste es el correo que me llegó de retorno:

¡¡Mi querida Elsa!! ¡¡Qué emoción tan grande la que me regalas hoy, precisamente el día en que Pacho cumple catorce años de haber partido al Cielo!! Me siento muy feliz, honrada y agradecida por el relato tan hermoso que haces de esa maravillosa vivencia que Pacho tuvo la gracia de Dios de compartir contigo, por tu valiosa ayuda y sobre todo la relación de amistad e inmenso afecto entre ustedes dos que, gracias de nuevo a Dios, me has brindado ahora a mí, como la gran herencia que recibí de él. En este momento sólo he leído la parte que me indicaste, para poder responderte rápidamente y decirte que nos sentimos muy felices, con Juan Francisco y Lina, de ser parte de tu libro. Por supuesto, lo leeré todo porque estoy segura de que continuará siendo de gran ayuda espiritual para mí y mis hijos.

¡Un inmenso abrazo y nuestros agradecimientos siempre!

MARTHA

Supongo que esa fuerza silenciosa que me impulsó a enviar el correo en una fecha determinada fue Francisco, a pesar de que algo en mí se rehusaba por el simple hecho de que estaba cansada de trabajar, era tarde y no funcionaba el internet. Yo ignoraba por completo que ese día era el aniversario de su muerte. No creo que fuera una simple coincidencia que yo sintiera la imperiosa necesidad de enviarlo precisamente ese día. Martha me contó que usualmente a esa hora no revisa los mensajes que hay en su teléfono celular ni consulta su correo, pero algo la condujo a mirarlo y, a pesar de ser un poco tarde, al ver un mensaje de mi parte, abrió la computadora para leerlo.

Era un regalo de Francisco para su familia. Sus hijos, al ser pequeños cuando él murió, no tenían muy clara la imagen de su padre y les causó gran emoción y sano orgullo escuchar la lectura que hacía su madre del texto que le envié sobre él. Tengo la seguridad de que Francisco estaba feliz a su lado mientras esto ocurría. Sé que le costó un poco convencerme para que enviara ese correo y me demoré mucho entre sentir el impulso y ejecutarlo. Por fortuna, algo en mí hizo caso, aunque no entendía por qué estaba obsesionada con enviarlo ese preciso día. Esas afortunadas "coincidencias" certifican la existencia del contacto con el Cielo. También me confirman que muchas veces sentimos el impulso a hacer algo que no tiene sentido, y tal vez no lo hacemos por pereza –como me estaba ocurriendo a mí ese día–, o porque no hay lógica que respalde esos actos… dejar de hacer una llamada, de leer un libro, de comprar un regalo específico para alguien… Quizás estamos dejando pasar un mensaje del Cielo.

4

Comunicaciones creativas

Al parecer el Cielo está abriendo cabinas de
comunicación en muchas partes de la Tierra y tiene
un creciente grupo de personas que se están
entrenando en ser buenos operadores

Un padre ve los triunfos de su hijo desde el Cielo

Santiago es un esposo "visitante del Cielo" a quien he "visto" varias
veces en mi consulta. Un hombre culto, con una carrera brillante,
multifacético y buen miembro de familia. Lo acompañé durante
varios meses hasta que falleció a causa de una enfermedad terminal;
lo recuerdo como uno de esos hombres maravillosos que viven
y mueren dando ejemplo de nobleza y virtudes. Unos diez años
después lo vi de nuevo en el consultorio, con su vestido de
tenue y transparente luz, pasándole el brazo sobre los hombros
a Beatriz, su esposa, que era mi paciente desde que él partió al
Cielo. Ella es una mujer inteligente, reflexiva, dispuesta a servir y
ayudar con discreción y oportunidad a toda su familia. Supuse que
debía ocurrirle algo especial si llegaba con esa compañía invisible,
ya que mis "visitantes" usualmente se manifiestan en la consulta
para ayudar en algo concreto.

Aún puedo evocar la imagen con gran nitidez: Beatriz entraba al consultorio y a su lado estaba Santiago, más alto que ella, rodeándole los hombros con su brazo izquierdo, en un hermoso gesto de compañía, cercanía amorosa y protección. Era una imagen muy bella. Él me estaba mostrando que estaba al lado de su esposa y que la cuidaba. Ese mensaje era claro para mí. Sin embargo, algo de lo que yo observaba no concordaba con mis ideas acerca del Cielo: ¡veía a Santiago usando unos anteojos grandes, de lentes muy, muy gruesos! Jamás se me habría ocurrido que en el Cielo necesitaran anteojos, y mucho menos tan gruesos como los que traía. Me parecía que allí había algo incongruente, al menos con mis ideas. Por otro lado, lo había atendido varias veces antes de morir y nunca le había visto esos anteojos.

De nuevo, algo en mi interior me hizo vacilar antes de contarle a Beatriz mi visión. Decidí preguntarle primero si había estado pensando mucho en Santiago esos días, ya que he notado que cuando alguien piensa mucho en su ser querido, lo atrae, y ésa es a veces la única razón para que yo lo vea. A Beatriz se le humedecieron los ojos y me contó que el día anterior había sido el aniversario de su matrimonio y que había llorado mucho en la noche, en especial cuando se reunió con su hijo Juan. "Lloré mucho", me decía "al pensar que Santiago no está viendo los triunfos de Juan". Juan estaba realizando una brillante carrera en el sector público, en donde estaba obteniendo un gran reconocimiento por su trabajo. Beatriz me recalcó que se sentía muy triste porque su esposo no había podido, en vida, ver esos progresos laborales.

"¡Ah!", me dije interiormente. "¡Ya entendí el mensaje!". De todas formas, teníamos que verificar si era real lo que creía comprender. Por lo tanto, le describí a Beatriz la imagen que me llegaba de su marido abrazándola, lo cual suponía yo era un mensaje de su parte expresándole que sí la acompañaba, advirtiéndole sin embargo que había algo muy extraño que yo no lograba explicar, y era que él tenía puestas unas gafas con lentes muy gruesos, y que ignoraba si en el Cielo usaran gafas, pues era la primera vez que veía esto.

Ella sonrió. "Santiago usaba anteojos; no veía bien y usaba unos muy gruesos que en esa época se llamaban 'lente de botella' por lo gruesos que eran. Era famoso entre sus amigos por esas gafas, en especial cuando se le perdían al montar en moto". Repliqué que nunca se las había visto, y ella me explicó que cuando estaba enfermo casi nunca las usaba. ¡Esos lentes eran la clave que estaba usando Santiago para comprobarle a ella que sí era él, que su mensaje era real!

Este extraño aditamento no sólo confirmó la veracidad del mensajero, sino que el mensaje como tal se aclaró con el detalle de las gafas. Era su forma de decirnos que evidentemente sí estaba viendo –¡y muy bien!– los triunfos de su hijo.

Santiago es un hombre inteligente para comunicarse, ¡tanto en la Tierra como en el Cielo! Tuvo la agudeza de dar el mensaje correcto y utilizó una imagen que era al mismo tiempo una clave que lo identificaba y un mensaje concreto de que estaba viendo lo que ocurría en su familia.

No siempre les entiendo

Un paciente y amigo, cuya familia se había ido a vivir a Europa, falleció en un accidente de avioneta. Recién muerto lo vi en varias ocasiones, en especial antes de partir hacia el Cielo, con su cuerpo de energía lesionado por el accidente. Supongo que, como yo era su médica, vino a pedir ayuda y despedirse. Recordé las instrucciones de los budistas, quienes hacen énfasis en reparar el cuerpo de energía –también llamado cuerpo etérico– en caso de muerte accidental. Para ello, se visualiza o imagina que ese cuerpo de luz, formado por miles de hilos sutiles, muchos de los cuales se rompieron en el accidente, se van reparando por efecto de la energía sanadora que todos poseemos, tanto en la mente como en las manos. Fui viendo cómo se reparaba su cuerpo etérico, se llenaba de luz azul y luego desaparecía. En las siguientes oportunidades que lo visualicé, lo observé tranquilo y aceptando su situación.

Unos meses después, mientras estaba trabajando, sentí a alguien que me interrumpía en la consulta, tocándome el hombro con insistencia. No había escuchado que alguien abriera la puerta, y por eso me sobresalté un poco. Al mirar hacia atrás, vi a mi amigo intentando comunicarme algo con afán. No le entendí nada; estaba trabajando y la prioridad era atender al paciente que tenía a mi lado, de tal forma que no pude detenerme para intentar comprender lo que me decía. Ese día fue particularmente activo y no hubo pausa para poder "escuchar" lo que requería mi amigo. Toda la tarde permaneció en mi consulta, con paciencia, esperando el momento en que pudiera dedicarle un tiempo. Al final, ya entrada la noche, terminé de atender al último paciente del día, y vi cómo mi visitante de luz se ponía al frente, como diciéndome: "Ahora es mi turno". En vano intenté comprender su mensaje. Como quien juega a ese pasatiempo en el que con preguntas se logra entender una palabra o un mensaje, comencé a indagar sobre aquello que podría necesitar. Al interrogarlo sobre su familia recibí una respuesta afirmativa; luego pregunté si el mensaje era para su señora o para sus hijas y respondió que para ellos. Capté entonces lo que se podría describir como una imagen mental en la cual me mostraba a sus tres hijos, señalándome a la hija del medio. No pude comprender nada más y mi visitante desapareció. Escribí un breve correo a su esposa, diciéndole que Luis tenía una preocupación especial por su segunda hija.

Semanas después, su familia vino de vacaciones a Bogotá, la ciudad donde vivo, y María, su mujer, me visitó, así que tuve la oportunidad de preguntarle acerca de lo ocurrido ese día. Me contó que, en efecto, justo esa noche la hija del medio se había ido de fiesta, había tomado licor por primera vez, y, como le ocurre a muchos adolescentes, fue más licor del que podía metabolizar; además la habían atracado, por fortuna sin consecuencias graves excepto el robo de su bolsa y el susto consecuente.

Me impactó. Creo que Luis había buscado, como cualquier papá, pedirle a una amiga que le ayudara a disuadir a su hija de salir; de sus amigos conocidos sabía que yo era la única que podría "verlo" y por eso me buscó. Desde donde estuviera, ese viaje debió ser para él cuestión de segundos. Por desgracia, no entendí su mensaje; él hasta ahora se estaba adaptando a comprender que desde esa nueva dimensión no siempre se logra ayudar a nuestros hijos, como tampoco podemos hacerlo acá, en especial cuando transcurre esa etapa en la cual muchos consejos de los adultos no tienen la mejor aceptación. En esto, ¡pareciera que ser padre en el Cielo y en la Tierra resulta similar!

No sé si desde la dimensión del Cielo mi amigo sabía lo que iba a suceder, o si ya estaba ocurriendo y por eso me buscó. Desafortunadamente, él aún no tenía habilidades comunicativas o yo no entendía su nuevo lenguaje; al no poder explicarse con claridad, optó por esperar en el consultorio para que al menos su hija se enterara de que él estaba pendiente de ella, aunque no pudo prevenir la situación.

Para mí aún es un misterio el porqué a algunos les entiendo con claridad y a otros no logro escucharles nada. Si su muerte ha sido reciente, la comunicación es más gestual, por lenguaje corporal o a través de señales muy sutiles. Cuando ha trascurrido más tiempo desde el fallecimiento, los veo y les comprendo mejor. Es como si la nueva forma de comunicación fuera una habilidad que van adquiriendo poco a poco. Sé que hay muchos seres humanos con habilidades maravillosas —mejores que las mías— para comunicarse con los habitantes del Cielo y de otras dimensiones. Tienen un don especial y a eso dedican su vida. Rosemary Altea es un excelente ejemplo. Ha escrito varios libros al respecto y ha ayudado a miles de familias a comunicarse con sus parientes fallecidos.

Hay varios programas de televisión en los cuales personas que poseen este talento sirven de transmisores para comunicar mensajes que los habitantes del Cielo quieren hacer llegar a sus allegados. Hay películas y libros que muestran que el Cielo está en permanente comunicación con nosotros. Clarividentes, clariaudientes y médiums en muchas partes, con más o menos acierto, se dedican como profesionales a servir de mensajeros entre ambas dimensiones. Al parecer el Cielo está abriendo cabinas de comunicación en diferentes lugares de la Tierra, y tiene un creciente grupo de personas que se están entrenando en ser buenos operadores.

Utilizo la palabra "acierto" porque así como muchos participantes en encuentros con aquellos que dicen tener tales talentos psíquicos salen convencidos de que lograron una comunicación real con el ser querido fallecido (gracias a detalles particulares de identificación, como el de las gafas de Santiago), otros quedan decepcionados y sin la sensación de haber estado en contacto con su familiar o amigo. No sé por qué ocurre eso; tal vez el vidente, presionado por su trabajo, intenta lograrlo y por error hace contacto con otro ser desencarnado o con su propia imaginación, y transmite entonces mensajes equivocados.

En mi caso, no puedo decidir cuándo o cómo comunicarme con mis visitantes: no depende de que yo los invite, sencillamente se hacen presentes. Creo que depende más de sus circunstancias familiares que de las mías. Que se presenten y den un mensaje de consuelo o similar no tiene que ver con el anhelo de algún pariente o el mío. En ocasiones algunos pacientes me preguntan si he visto a alguno de sus familiares que se han visibilizado antes y, tristemente, tengo que contestar que no, a pesar de que sé que ellos se alegrarían mucho si yo lograra verlos nuevamente.

Otras veces, se me presentan sin que esté su familiar en la consulta. Generalmente lo hacen porque desean que llame a consolar a las personas que están haciendo el duelo y les diga que ellos se encuentran bien. Esta tarea sí que me es difícil: llamar a alguien y decirle que el fin de semana su marido, o su hijo, se visibilizó para pedirme que le dijera que lo ama, que está bien y agradecido con su familia, es algo que suena un poco desquiciado. Sin embargo, cuando me armo de valor y lo hago, invariablemente ha ocurrido que mi llamada es un alivio, un bálsamo cicatrizante para la herida de alguien que ha pedido al ser querido una señal de vida, de presencia, que así, en el momento justo, llega a través de esa llamada.

Saludo esquimal que sólo una hija entiende

A continuación, la descripción hecha por mi hermana María Isabel de un impulso que la asaltó un día que entró a mi consultorio:

Corría escaleras arriba detrás de Elsa Lucía cuando, súbitamente, sentí el impulso incontenible de devolverme hasta el lugar donde se encontraba Myriam, su asistente, poner mis manos en sus brazos y acercarla a mí, para luego saludarla frotando mi nariz con la suya, tal como lo hacen los esquimales y los niños en sus juegos. Yo misma estaba asombrada de ese acto inesperado y le pedí disculpas a Myriam por mi atrevimiento e impetuosidad; no tenía la menor idea de lo que me había pasado. Ella, con gran emoción y alegría, me contó que esa misma mañana le había pedido mentalmente a su madre, fallecida hacía pocos años y con quien tenía un precioso vínculo de amor, que le diera una señal que le permitiera saber cómo estaba; para mi grata sorpresa, me explicó que ella y su madre se saludaban ¡frotándose la nariz! No sólo eso: me dijo además que, cuando la saludé en esa forma tan particular, vio en mis ojos los ojos de su madre. Myriam, muy emocionada, llamó de inmediato a su hija y a su hermana para compartirles esa señal que le había llegado a través de mí. Yo fui, por unos minutos, una mensajera de una madre amorosa desde el Cielo.

Ésta es una nueva muestra de la comunicación creativa de nuestros amigos celestiales. Una madre busca comunicarse con su hija a través de una señal inequívoca. Encuentra la mensajera apropiada, alguien sensible y dispuesta como lo es mi hermana, y de una forma muy divertida saluda a su hija, también sensible y perceptiva, para que entienda de inmediato la respuesta a su petición matinal.

Confío en que muy pronto un grupo creciente de seres humanos va a comprender esta realidad, de manera que los vínculos y conexiones entre las diferentes dimensiones del Cielo y la Tierra se puedan producir en forma normal y cotidiana, cuando los velos del miedo y el misterio se hayan disuelto por la bella luz de la vida… De esa vida que continúa al abandonar el cuerpo físico. Al deshacer esos velos, veremos con claridad que el Cielo no es tan sólo un relato con el que se calma el temor de los niños ni un lugar imaginario descrito por la fantasía de místicos religiosos. Tradiciones orales en múltiples culturas señalan que los diálogos entre ambos mundos siempre han existido y que no sólo los santos hacen milagros como respuesta a una petición del corazón; también nuestros seres queridos pueden ocasionalmente regalarnos esas lindas señales de amor y de presencia. Esas señales se tornan en un pequeño milagro para nuestra vida, que, por unos momentos, deja de ser ordinaria cuando nos regalan esas chispas de luz eterna.

5

ESCUELA TIERRA

Una de las labores que nos permiten vivir bien es tan
sencilla como aprender a actuar con amor

Con estos relatos no pretendo que nos volquemos en función
permanente de saber si nuestros seres queridos fallecidos nos
están cuidando o enviando mensajes o señales, o si requieren de
nuestra ayuda para llegar al Cielo. Sería desastroso, en tanto que
descuidaríamos las labores personales e intransferibles que cada
uno de nosotros tiene en esta escuela itinerante que es la Tierra.
El propósito básico de los mensajes y demostraciones que muchas personas reciben de sus seres queridos es mantener vivos
los lazos de amor. Estos vínculos son canales virtuales, arterias
que permiten el paso de esa energía vital que es el amor, para así
consolar, animar, cuidar, acompañar, proteger e inspirar a aquel
con quien se construyeron.

Estos lazos, que nos brindan entusiasmo y fortaleza, son herramientas con las que nuestros seres queridos nos pueden ayudar
a cumplir las labores que tenemos por delante al llegar a la Tierra.
De hecho, cuando ingresaron al Cielo, ellos se autoevaluaron en
estas tareas.

El aula planetaria

Podríamos aceptar la metáfora –que tal vez no es metáfora sino realidad– de imaginar la Tierra como una fantástica y misteriosa aula a la cual llegan millones de seres a aprovechar la oportunidad que nos brinda esta escuela de aprender muchas y variadas materias, según el gusto y la necesidad de cada estudiante.

Podemos imaginar, continuando con la metáfora, que los libros sagrados de las diferentes culturas, a pesar de algunas tergiversaciones que con seguridad tienen del mensaje original, son los textos básicos para el grupo de estudiantes humanos. Éstos señalan –con distintas palabras pero con el mismo mensaje–, que a esta singular escuela ingresamos con la finalidad de *aprender a ser felices*, propósito que es válido para todos. La pedagogía utilizada por el director no siempre es comprendida, sin embargo, es claro que es una escuela de puertas abiertas, que el aprendizaje es individual y que los profesores son generalmente anónimos. El ritmo de estudio depende de cada estudiante y se pueden tomar múltiples materias para así desarrollar y satisfacer los diversos anhelos de los millones de alumnos. Hay materias que son básicas para todos, aunque algunos postergan su estudio. Una de ellas, la que nos permite con más facilidad llegar a ser felices, se titula "Desarrollo de la conciencia para actuar con amor y compasión".

Además de esta materia, que se ofrece para todos, cada uno puede tomar otros cursos que le facilitan alcanzar sus anhelos individuales, los cuales han de estar enmarcados dentro del gran propósito de actuar con amor. Por eso la regla de oro de todas las religiones se resume en: *Haz a los otros lo que te gustaría que ellos hicieran contigo* o, expresado de otra forma: *No hagas a otros lo que no te gustaría que ellos te hicieran.* No sobra recordar que los otros son todos los seres que existen en el planeta. Si tenemos esto en mente, la tarea que todos tenemos por delante es así de sencilla: aprender a actuar con amor. Esto nos permite llegar a ser felices.

En esta escuela se brindan además programas para realizar oficios, los cuales están diseñados para fomentar la capacidad de servir a otros. La elección de esta materia, clave para el desarrollo, está guiada por los anhelos individuales, inspirados por el alma y que se expresan en las habilidades innatas con que es dotado cada estudiante; esto permite que alguien quiera y se le facilite ser cocinero, otro cantante, deportista, abogado, médico, jardinero, político, militar, ama de casa, etc. Si el oficio o trabajo que hacemos va en contra de lo que el alma anhela, tendremos una dificultad más para solucionar en la vida. Esto lo deben recordar los padres antes de obligar a sus hijos a estudiar una profesión sin tener en cuenta sus anhelos y sus talentos.

Además de la profesión u oficio, en esta escuela se ofrecen innumerables posibilidades de compartir con otros estudiantes, según afinidad de gustos o para desarrollar ciertas habilidades. Por ejemplo, algunos deciden pertenecer a grupos deportivos, políticos, de trabajo comunitario, religiosos o sociales, entre otros; se pueden cultivar amistades, pasatiempos... En fin, existen múltiples áreas en las cuales se puede activar el potencial de cada alumno para que logre obtener satisfacción, bienestar personal y felicidad, a medida que va alcanzando sus anhelos y metas personales, superando los obstáculos –parte de la pedagogía misteriosa pero eficaz que se emplea en este instituto– y aceptando como parte de la vida los periodos de aprendizaje y las adversidades.

Actos de amor: un proceso de madurez

La escuela Tierra incentiva a usar todas estas oportunidades en el camino de la búsqueda interior para así aclarar cuáles son los anhelos del alma y los propósitos personales. Nos invita a practicar la materia básica que nos conduce a la felicidad: actuar con amor.

Esto no se limita a las relaciones de pareja, de familia o de amistad, que muchas veces se tornan en escenarios de apego, control y autoprotección. El verdadero acto de amor requiere de un buen sentimiento, es decir, que se haga con alegría, afecto, compasión, perdón, respeto, sana tolerancia, correcta solidaridad, entre otros; todos son manifestaciones concretas de ese concepto abstracto que es el Amor.

Los estudiantes conscientes aprenden que trabajar, estudiar, descansar, pintar, escribir, caminar, comer o cualquier otra actividad, son en realidad parte del taller práctico que a diario nos enseña a realizar ese propósito primordial que vinimos a alcanzar: amar.

Es inevitable que transitemos primero por la etapa de ejecutar obras egoístas antes de llegar a forjar verdaderas conductas de amor. Muchas veces hacemos buenas acciones para ser aprobados, admirados o por dinero exclusivamente; todo esto tiene validez. Aunque sea sin amor y con fines personales, es sin duda mejor realizar buenas obras que malas obras; sirven, y mucho. A medida que maduramos, las acciones se realizan ya no por motivos tan sólo egoístas, sino porque un anhelo interno nos lo pide, sencillamente no podríamos dejar de hacerlas y, además, las llevamos a cabo con gusto, con conciencia, con alegría, con una fuerza y una calidad internas que brotan del corazón: con amor.

Para actuar con amor no se requiere ser santo, aunque ellos lo son precisamente porque su vida está llena de actos amorosos y valientes, pues muchas veces actuar con amor requiere de notable valor. ¡La diferencia entre los santos y la mayoría de nosotros es que estos actos de valor no son tan frecuentes en los mortales comunes!

El amor que no se traduce en acciones es un amor imaginario o inmaduro. "Obras son amores y no buenas razones", dice el conocido refrán. El amor maduro se alegra con lo bueno que le ocurre al otro, carece de envidia y busca disminuir, cuando puede, el sufrimiento ajeno; esta es la característica básica de la compasión.

En nuestra época, se está insistiendo en que todos estudiemos una materia para que la escuela Tierra no se convierta en una cárcel insoportable: "El medio ambiente". Todos los actos que busquen preservarlo son excelentes ejemplos de amor y se promueven en esa cátedra. Es una labor de enorme importancia en la cual se estimula el compromiso de todos los estudiantes. Sabemos que cuidar los recursos del planeta —el agua, el alimento, los combustibles, la energía eléctrica— requiere de gran esfuerzo y sacrificio: reciclar, respetar el suelo, la fauna, la flora y en general el medio ambiente. No le debemos dejar esta tarea sólo a unos cuantos, se necesita la colaboración de todos para salvar la escuela.

La conciencia, herramienta para ser felices

Para lograr la felicidad, los humanos contamos con la herramienta de la conciencia. Esta nos permite *darnos cuenta:* al ir creciendo en madurez, nos hacemos conscientes de las consecuencias de nuestros actos y, de este modo, podemos hacernos responsables de ellos. Esto se puede lograr a mayor o menor edad; algunos niños son más conscientes y responsables que muchos adultos que no asumieron el compromiso de observar y reflexionar sobre los efectos de sus acciones, y así repiten una y mil veces los mismos errores. Creo que, en algún momento de la vida, es una dificultad o una adversidad la que nos ayuda a caer en cuenta, a ser conscientes de nuestros errores para corregirlos. Es parte de la pedagogía de nuestra escuela.

Conciencia, amor y buenos actos son diferentes estados de una misma virtud. Aquel que espontáneamente, sin esfuerzo, impulsado por una fuerza amorosa que emerge desde su interior, ayuda, sirve, trabaja e incluso descansa con un sentimiento genuino de amor y de gusto por la vida, ese es un verdadero maestro de esta escuela. No sólo aprendió la tarea, la comprende y la realiza, sino que, además, la enseña con su ejemplo. Esta persona trae un poco del Cielo a la Tierra.

Venimos del Cielo para regresar al Cielo. *Venimos a aprender a amar y ser felices con ello;* regresamos luego a entregar las tareas realizadas en la Tierra. Para que recordemos este propósito, el Cielo nos envía sus mensajes, que son en realidad hermosas ayudas. Por ello, explorar la posibilidad de aprender a escuchar y estar atentos a los mensajes que del Cielo nos traen sus habitantes puede ayudar mucho nuestro aprendizaje. Nos visitan para facilitarnos hacer conciencia de esta meta e inspirarnos fortaleza, alegría y compasión. Así lograremos llevar a cabo lo mejor posible esa porción del plan de Dios que se nos pidió ejecutar. Precisamente la forma como llevemos a cabo el anhelo de nuestras almas de realizar actos de amor es la medida con la que nos vamos a autoevaluar al morir, antes de ingresar al Cielo.

¿Es suficiente una vida?

En algunas de las aulas de aprendizaje de esta gran escuela, las orientales en especial, se asume que una vida no es suficiente para aprender el mínimo de materias que se requieren para logar ser felices y desarrollar las habilidades para servir con amor a los demás. Por esta razón, piensan que se requiere asistir a varios cursos a través de múltiples encarnaciones, permitiendo un conocimiento que se adquiere en forma progresiva y, a través de ensayos, errores y aciertos, se transforma en sabiduría. Independientemente de si esto es real o no, actuar con amor es válido tanto para quienes creen en la reencarnación como los que no comparten esta idea. Sigue siendo la regla de oro.

La tesis de grado

Es importante insistir en que a la Tierra no vinimos a ser felices, sino a aprender a ser felices.

La comprensión intuitiva de que todos los seres somos expresión de un Todo es una de las enseñanzas primordiales de esta escuela. Si ese Todo es llamado Dios, Rigpa, Atma, Alma Universal u otro de los centenares de nombres que le damos al Creador y Director de la escuela, no es relevante; se refieren al mismo Ser. Quienes han culminado la materia cumbre, "El conocimiento de sí mismo", como lo han hecho los sabios y maestros espirituales, comparten la misma experiencia: se hacen conscientes de que todos somos esencia divina. Al comprenderlo y experimentarlo, el amor surge inequívocamente, ya que se entiende a cabalidad que todos los seres son parte de nosotros mismos, del Todo.

Oración, meditación, servicio a los demás, honestidad en la búsqueda de la verdad y liberación de los apegos son parte de los requisitos para disfrutar la experiencia que ofrece esta cátedra. Los que logran esta conciencia se gradúan de la escuela: es su tesis de grado; advirtieron que son una chispa de luz dentro de la Gran Luz.

Al observar la vida cotidiana y lo que nos ocurre cuando una pérdida o un fracaso nos golpea, o al leer sobre lo que acontece en este mundo, donde el dolor, el sufrimiento, las calamidades y la injusticia son los protagonistas, asumo que muchos nos preguntamos: ¿Tiene sentido este aprendizaje? ¿Por qué tanto sufrimiento si supuestamente vinimos a ser felices? Supongo que la respuesta a este interrogante la debe encontrar cada uno. Gautama Buda la buscó y luego de encontrarla la compartió con sus discípulos, creando así el budismo, filosofía milenaria que ha inspirado a millones de seres a actuar con compasión, cimentando sus vidas en las respuestas que Buda descubrió en su interior al concluir su indagación sobre las causas del dolor y el sufrimiento. Entre sus hallazgos, quiero destacar uno: *todo sufrimiento es pasajero*. Es lo mismo que comprenden con gran claridad muchos de quienes tuvieron experiencias cercanas a la muerte desde ese estado ampliado de conciencia que alcanzan al estar en dimensiones espirituales. Igualmente, los mensajes de los visitantes del Cielo se centran en ayudarnos a entender que las adversidades son transitorias si logramos desatar nuestra mente del sufrimiento por lo ocurrido y enfrentar el futuro con lo mejor de nuestras capacidades internas, muchas de las cuales únicamente cultivamos e incluso sólo conocemos cuando nos enfrentamos a situaciones difíciles e inesperadas. Nos recalcan que estas circunstancias pueden tener un valor positivo si hacemos conciencia de que ofrecen enormes posibilidades de desarrollo de nuestra creatividad, valor, autoconfianza y capacidad de afrontar las dificultades, entre otras.

Jesús tuvo una vida con grandes adversidades y a pesar de ello sus enseñanzas se fundamentan en el amor. Fue un vivo ejemplo de que se puede amar a pesar de las injusticias y dificultades. Ni Jesús, ni Buda, ni ninguno de los hombres y mujeres que a través de la historia nos han dado grandes ejemplos de vida de amor, compasión y servicio nos enseñan que sólo se puede practicar estas cualidades —que son las que nos permiten ser felices— cuando no tengamos problemas personales. Estos se nos presentan indefectiblemente, en muchos momentos de la vida. Es importante insistir que a la Tierra no vinimos a ser felices, sino a *aprender a ser felices*. Cada uno de nosotros, de manera consciente o inconsciente, está en la búsqueda de cómo lograrlo. Hay ayudas para ello en todos lados e innumerables oportunidades de aprender. Los maestros occidentales, ejemplificados por Jesús, nos enseñan que se puede ser feliz amando y sirviendo a los demás con humildad; los orientales nos invitan a conocernos a nosotros mismos para llegar a ser conscientes de que somos uno con el Todo, lo cual conduce a la liberación de los temores y apegos, la disolución del ego y el surgimiento de la conciencia del Ser.

Ya sea que provengan de Oriente o de Occidente, de las culturas indígenas de tradiciones milenarias o de hombres y mujeres contemporáneos que se han dedicado a la búsqueda de la felicidad, las enseñanzas se centran en el amor y la compasión en la vida cotidiana, y en el autoconocimiento como logro interno. Hablando metafóricamente: amor y compasión, servicio, oración, meditación, desapego y liberación de los temores son distintas materias de la Escuela Tierra. Cada uno puede escoger cuándo las toma, en qué aula y con cuál Maestro las estudia. Nos permiten elaborar la tesis final: conocernos en nuestra esencia más íntima y así reconocer que somos todos un tejido de conciencia y alegría puras. Quien se establece en esta experiencia, cualquiera que sea el camino que tomó para llegar allí, ya no pierde jamás la alegría: aprendió a ser feliz. Comprendió que esto depende de su mundo interno, de su conciencia; que la manera como ve su mundo externo es usualmente un reflejo del interno.

Esto es relativamente fácil de entender en la teoría, pero llevarlo a la práctica resulta bastante más difícil. Reaccionar con ira, amargura, tristeza, miedo o aislamiento ante las injusticias, las pérdidas, las decepciones e incluso nuestros olvidos y errores es algo que a casi todos nos sucede; es parte de nuestra naturaleza, y precisamente de esas reacciones se alimenta el sufrimiento. Qué paradoja: nuestra naturaleza alimenta el sufrimiento. ¿Será esto verdad? Si es así, ¿será posible llegar a no sufrir?

Ante estos cuestionamientos, cabe aclarar que el dolor es diferente al sufrimiento. El dolor, ya sea emocional o físico, es una sensación que pone en marcha una serie de respuestas frente a eventos adversos. Nos permite identificar, precisamente, que una circunstancia es peligrosa. Cuando nos herimos con un objeto punzante o nos quemamos con algo caliente, el dolor nos alerta del peligro y nos lleva a alejarnos del objeto peligroso. Luego, el cuerpo desencadena las reacciones físicas necesarias para sanar la herida o la quemadura, cuando éstas no sobrepasan su capacidad curativa. Si la sobrepasan, el dolor nos lleva a buscar ayuda externa para curarnos, un médico o alguien similar. Si no nos retiramos de la fuente de peligro o no buscamos ayuda, nos sumergimos en un dolor innecesario que se transforma en sufrimiento.

En los dolores emocionales, retirarnos de la fuente del dolor es procurar no mantener la mente en el evento traumático, en la pérdida, el fracaso, la decepción… Sufrir es revivir, volver a sentir miles de veces un dolor porque no podemos desprendernos del hábito de tener nuestra mente anclada en el recuerdo; es colorear el dolor de tristeza, rabia, amargura y demás tintes emocionales con los que cada uno pinta el cuadro de su propio sufrimiento. En esto podemos llegar a ser verdaderos artistas lúgubres.

A veces es imposible alejarnos físicamente de algo que nos causa dolor, pero nuestra mente sí lo puede lograr. ¿Será esto verdad? Sí, indudablemente. Hay cientos de historias de personas que vivieron enormes injusticias y se separaron del dolor físico y emocional que los embargaba, optando por cubrirse con el manto del amor, el servicio y la compasión, y salieron invictos de la difícil circunstancia. Recuerdo un relato que le escuché a Su Santidad el Dalai Lama: cuando los chinos invadieron el Tíbet, muchos tibetanos fueron llevados a cárceles, donde permanecieron injustamente retenidos y en condiciones infrahumanas por muchos años. En una ocasión, el Dalai Lama pudo entrevistarse con uno de ellos, un campesino que fue liberado luego de estar diecisiete años en una de esas prisiones. Era un conocido de infancia de Su Santidad, así que fue un emotivo encuentro de dos amigos. El Dalai le preguntó cómo había sido su experiencia en el encierro, a lo que su interlocutor contestó: "Corrí un gran peligro, Su Santidad". "¿Qué peligro corriste?", preguntó el Lama. "Corrí el peligro de perder la compasión por los chinos", replicó el sabio exprisionero.

Para él, la práctica espiritual de la compasión, fundamento de la enseñanza espiritual tibetana, estuvo a prueba durante esos difíciles años de prisión y, en lugar de sentirse víctima, optó por realizar su práctica a cabalidad. Los equivocados en su actuar eran los chinos, merecían compasión de su parte. No negó el dolor, aceptó que tuvo momentos en que no sentía precisamente compasión por sus carceleros, tal vez sentía rabia o temor, pero logró transformarlos en compasión, la cual lo mantuvo a salvo de romperse en pedazos por la injusticia que vivía, y al salir emergió como un hombre realmente libre. No se ató a su pasado. Logró ser feliz.

Otra historia, que leí hace muchos años en un periódico, es también un excelente ejemplo. Una pareja perdió a su hijo, asesinado por un vecino que le disparó en un ataque de cólera porque el perro del niño agredió a su propio hijo. ¡Qué muestra de intolerancia! Sin embargo, tan sólo un mes después del incidente, la familia del joven muerto ya estaba organizando talleres de convivencia en distintos barrios de su ciudad para ayudar a evitar que les aconteciera lo mismo a otras familias. En medio de su dolor, en lugar de vengarse o llenarse de amargura, decidieron hacer algo práctico e instauraron un proyecto en memoria de su hijo para facilitar la construcción de mejores vínculos entre los vecinos. Ése era el motivo de la noticia. No pude evitar llorar y a la vez sentir una enorme admiración por estos padres.

Estas historias indican que sí es posible no mantenerse en el sufrimiento. Podemos *decidir responder*, ya sea desde nuestra naturaleza primitiva que se mueve por el temor, el tener y la autodefensa, o desde la naturaleza real y consciente que habita en el silencio de nuestro corazón, que se mueve por el amor y la compasión. Así, cuando me observo reaccionando desde mi naturaleza autodefensiva y me siento contraída con temor, rabia o decepción, procuro hacer una pausa, recuerdo que puedo decidir reaccionar de otra forma, y aunque tenga que tomarme un tiempo mientras se disuelve esta energía –el famoso consejo de contar hasta diez, que pueden ser diez segundos, minutos o varias horas– logro más fácilmente situarme en mi ser silencioso y compasivo, desde el cual comprendo que todo lo que hago retorna a mí: si emito rabia y juicio, esto me llegará, si envío perdón y compasión, esto regresará a mí. Puedo elegir. Intento ver lo relativo de aquello que en un momento dado me quita la paz y evalúo si vale la pena atarme a eso. Naturalmente que nunca vale la pena. Hay eventos muy dolorosos en la vida de cada uno en los que es necesario darle a nuestra alma tiempo para que nos sane. Sin embargo, a pesar del dolor, podemos no atarnos al sufrimiento.

Lo que comprendo cada vez mejor es que no vinimos a sufrir. Hoy en día, cuando me suceden eventos injustos y me encuentran en el centro de mí misma –en ese espacio de paz al que se logra llegar cada vez con más frecuencia a medida que hacemos silencios mentales, oración calmada, meditación o algo tan sencillo como ponernos en contacto con la naturaleza mediante una caminata o cualquier otra actividad que nos permita poner la mente en Dios, o en esa esencia fundamental de paz que todos poseemos– esos sucesos inesperados y tal vez dolorosos no me afectan, no me hieren, e incluso comprendo la oportunidad que me presenta la vida de crecer con ellos. Pero si un evento similar me encuentra fuera de mi centro, mi naturaleza primitiva toma el mando y debo hacer esfuerzos para no atarme al sufrimiento o producir dolor en otros. Aprender a ser feliz no tiene tanto que ver con lo que me ocurre, sino cómo lo recibo. No tiene tanto que ver con lo que nos pasa, sino en cómo lo vivimos. Ser conscientes de esto hace una gran diferencia.

Estar en el centro, contactar al alma que mora en nosotros, que nos permite amar, es lo que marca esa diferencia.

La mente inquieta suele apartase
del único objetivo auténtico: realizar el Atma[12]
uniéndose a la Divinidad, al Verdadero Ser Interior.[13]

---

12   Atma: Dios, el Ser Supremo, el Alma Universal.

13   Jack Hawley. *El Bhagavad Gita para todos*. Buenos Aires: Editorial Deva's, 2002.

6

LA ENERGÍA DEL AMOR

El amor vincula, reúne, anima, da fuerza
para hacer las cosas

El amor es la fuerza que mueve a todo ser vivo, la que vincula, une, atrae por excelencia, y podríamos decir incluso que es la fuerza que mueve hasta los átomos y los mantiene unidos, a sabiendas de que fundamentar esa afirmación requeriría todo un tratado de filosofía. Sólo resumiría que para muchos pensadores y maestros espirituales la energía divina –que es por excelencia la energía de amor– permea todo, es la base de la materia y es la que pone en marcha el gran entramado de átomos que se unen en diferentes formas hasta constituir los planetas, los sistemas solares y las galaxias. Es la potencia al interior de cada partícula, de cada ser y, me atrevo a afirmar, es la fuerza que mueve a todo ser vivo. El amor hacia nosotros mismos nos mueve a alimentarnos, a cuidar de nosotros, de la familia, de nuestras posesiones; no cuidamos lo que no amamos, a menos que nos obliguen o nos paguen por ello. Los animales aman a sus crías y las protegen porque también hay en ellos una manifestación de esa energía que, entonces, no es única del ser humano. Se sabe que incluso las plantas son suscep-tibles a manifestaciones de afecto; suelen mejorar su desarrollo y vitalidad con estas pruebas de amor, o mueren tras el fallecimiento o partida de quien las cuidaba.

Cuando nuestra energía de amor está activa, tenemos propósitos, motivos, entusiasmo. Para confirmar esto basta con preguntar a dos enamorados sobre sus sentimientos, o a un deportista que está entrenando para una competencia; o recordar la explosión de emoción que experimentan los aficionados de cualquier deporte cuando su equipo gana un campeonato. Cuando esa energía está sana, se puede disfrutar la música, el teatro, una lectura, un paisaje o una buena conversación con un amigo. El amor vincula, reúne, anima, da fuerza para hacer las cosas. Cuando la energía del amor se enferma o se rompe, la cotidianidad de la vida se torna aburrida, vacía, sin sentido.

El amor no se refiere sólo a las formas más altas del comportamiento humano, aquellas que pasan por el corazón y por el alma y se traducen en caridad, generosidad, trabajo honesto, servicio, amistad, sacrificio y, en general, la práctica de los valores humanos; mal dirigido puede convertirse en la fuerza destructiva del apego. De hecho, a todos los seres nos dotaron de un depósito de energía amorosa para realizar nuestras metas, pero las instrucciones sobre su manejo no son muy claras. Es una fuerza amplia, que puede ir desde el sano amor al hogar, a los hijos, a la pareja, a los amigos, al deporte, entre muchos otros, hasta el no tan sano amor a la fama, al poder, al dinero, a la belleza, a la ropa… Podríamos pensar que estos últimos no corresponden al amor sino que son apegos, pero en realidad el apego no es sino una distorsión de la energía del amor.

Esta energía nos permite estudiar, aprender, desarrollar nuestros talentos, trabajar, servir, construir amistades, ser buscadores de la verdad y, por supuesto, amar en la mejor de las acepciones de la palabra; de esta manera nos ayudará a ser felices. O bien podemos dirigirla hacia la búsqueda de problemas, consentir lamentos y quejas, crear dificultades y destruir a otros, que es lo que ocurre cuando vemos la vida sólo con los ojos del egoísmo. En ese momento, el amor se corrompe, se malogra, y la fuerza que se nos dio para ser felices se usa para intentar —muchas veces fallidamente— adquirir poder, fama, dinero o amistades, no importa cómo ni a costa de qué o de quién.

El duelo, una fractura en el corazón

La gran tragedia del duelo sucede cuando el corazón se quiebra realmente, es decir, cuando tienen lugar los duelos más profundos. Esto puede ocurrir con la muerte de un hijo, la pareja, los padres y, en muchos casos, la muerte de una mascota. En esos momentos, es posible que la fuerza del amor circule muy pobremente por el gran impacto que tuvo sobre el corazón emocional. Para tener gustos, intereses, anhelos o propósitos, hay que mantener sana aquella parte del corazón que genera la energía que mueve el amor, y cuando hay un duelo esa parte está herida. Según la profundidad de este impacto psíquico, es posible que a muchas personas les suceda que sólo pocas cosas les interesan, que actúen sólo por hábito o por la pequeña fuerza de amor que aún circula en ellos. Todo lo que antes era una motivación ahora pierde atractivo, no existe la fuerza del vínculo, del apego sano ni del no sano. La vida se ve como en una película de la cual ya no se es actor ni se desea serlo.

Es frecuente escuchar que hay un gran cansancio, que no existe fuerza para nada, sin una razón física que lo justifique. Esto también puede ocurrirle a cualquiera en las pequeñas rupturas de amor que a veces suelen presentarse. Una discusión, un fracaso o una pérdida moderada pueden romper esa trama de energía vital que circula y activa nuestra psique, causándonos un agotamiento inexplicable que, si continúa y no logramos reparar ese tejido invisible de energía vital, puede conducir a una depresión con todas sus complejas manifestaciones físicas, afectivas y mentales. Lo emocional tiene un enorme impacto en lo físico, tanto positiva como negativamente.

Por ello, el duelo desvitaliza a casi todas las personas, las agota y puede ocasionarles una depresión reactiva.[14] Con frecuencia desaparece el apetito, se pierde peso y la persona no quiere vestirse sino de colores oscuros; puede que desee aislarse o que, por el contrario, y según el temperamento, busque permanente compañía para recibir consuelo y apoyo. Ambas actitudes son sanas, siempre y cuando no se prolonguen por tiempo indefinido.

Una de las grandes enseñanzas de la muerte es que los seres queridos fallecidos desean nuestro bienestar. Un duelo lleno de dolor y sufrimiento no les sirve a quienes mueren, en cuanto los ata a nuestros procesos emocionales; ellos desean y necesitan todo lo contrario. El mensaje de la muerte puede llegar a ser de amor y no sólo de tristeza. Ellos quieren que trascendamos el dolor, que nos permitamos el duelo, sí, pero no que los apresemos con nuestros apegos, o los abandonemos sin guía ni propósito. Los muertos y los vivos, cuando se construyó un buen vínculo en vida, seguimos conectados por lazos de cariño, de respeto, de compasión y de gratitud que nos permiten tejer y mantener la red de amor con nuestros familiares o amigos.

Los hilos que tejen esta red salen del corazón, precisamente el sitio que se nos fractura en un duelo. Nuestros seres queridos fallecidos quieren ayudar a reparar el corazón emocional, a entrelazar puntadas de amor que faciliten curar esa herida; así será más corto el tránsito entre el duelo y el poder vivir en paz en el presente. Este último aspecto cobra un valor inmenso, ya que frecuentemente durante el duelo el presente se pierde de la mente

---

14   La depresión reactiva es aquella que ocurre cuando hay un evento externo traumático que la explique, a diferencia de la depresión endógena, en la cual no hay un motivo evidente en el mundo externo que la esté ocasionando.

del que sufre, así continúe con la misma rutina; su mente anda añorando el pasado o lamentándose del triste futuro que imagina para sí mismo sin la persona amada que murió.

Mientras alguien realiza el duelo, con frecuencia entra en otra dimensión personal de tiempo y espacio; es como si todo lo que ocurriera en la vida diaria pasara por su lado sin tocarlo, como si hubiera descendido de la barca que recorre el río de la vida y desde la orilla mirara trascurrir los acontecimientos, sin lograr comprometerse con aquello que antes llamaba su atención o despertaba su gusto o interés.

A medida que el corazón repara su herida, la energía de amor vuelve a circular y renace el interés por la actividad diaria, realizada ya no desde el hábito que anestesia el dolor y permite que cumplamos con nuestras tareas, sino desde la conciencia de hacer de nuevo las cosas con amor y con algo de alegría; no sólo por deber, sino porque el gusto por la vida renace, poco a poco, como ocurre con el color de las flores en el campo cuando llega la primavera luego de un largo invierno. En estas circunstancias, los buenos hábitos de vida son una excelente red de soporte interno, pues nos mantienen en actividad cuando la adversidad nos derriba y nos permiten sobrevivir mientras sana ese algo interno que se rompió.

Al observar el cariño con que mis visitantes del Cielo buscan proteger, consolar y animar a sus familiares, es explícito el amor que surge de sus corazones, procurando sanar esa herida que impide a sus parientes conectarse a la vida. Creo que si fuéramos más conscientes de este esfuerzo y de su presencia frecuente a nuestro lado, les podríamos facilitar su tarea. Podría ser útil pensar que si, al contrario, fuésemos nosotros quienes estuviéramos en nuestros cuerpos de luz intentando calmar a un ser querido, agradeceríamos inmensamente que guardara momentos de silencio para poder acompañarlo y para reparar su red de energía, y resultaría alentador que estuviera receptivo a esa realidad de que estamos cerca y vivos, viajando de una a otra dimensión con el único propósito de darles amor y ayudarlos a sanar su herida.

Por esta razón es de vital importancia que en un duelo nos demos el espacio para sanar, para disminuir las actividades, para hacer un poco más lentos nuestros ritmos interno y externo. No siempre la vida lo permite, pero debemos intentarlo. Si acompañamos en un duelo a alguien, no queramos anestesiarlo con actividades y distracciones permanentes, incluso si es un niño. Sanar bien el corazón requiere silencio, calma, quietud; si no lo hacemos, la herida se mantendrá por mucho tiempo.

Darle tiempo y permiso al corazón para sanar

> Cada uno de nosotros, intuitiva o instintivamente, consciente o inconscientemente, según su proceso personal, busca cómo ser feliz.

Hay que darle permiso al corazón para sanar, para que restaure la energía de amor a la vida. Eso es lo que más repara a nuestros familiares fallecidos. Amarlos es empeñarnos en reconstruir en nosotros esa energía de amor para poder reconectarnos paulatinamente con la existencia, con nuestros amores, con nuestra propia tarea.

Una de las mejores formas de vivir radica en lograr muchos y variados amores. Esto no significa tener muchos amantes; es construir amistades, fortalecer los vínculos de familia cuando esto es posible, mejorar nuestro carácter para estar en paz con nosotros mismos, con nuestros amigos y compañeros de trabajo; es tener amistad con Dios, con el silencio, con los libros, con tareas de servicio… Hay muchas posibilidades de construir amores que, como red de soporte, nos ayudarán a reconstruir el tejido interno que se rompe en los duelos.

Si tenemos un solo amor y muere, lo que fue la luz de la existencia se convierte en la causa del sufrimiento. Cuando, para que nos sintamos en paz, dependemos de una sola persona o circunstancia, de una posesión o de un evento especial, si estos se pierden desaparece nuestra posibilidad de ser felices y de tener bienestar. Estos son los duelos que no sanan porque la persona depositó en otra su responsabilidad de ser feliz por sí misma. Es duro, pero en uno u otro momento casi todos nos hemos enfrentado a ese hecho y la lección que nos enseña la vida es enfática en demostrar que no podemos depender de otros para tener paz, para autorizarnos a estar sanos, para realizarnos.

Me encantaría dar una definición perfecta de la felicidad, pero no la tengo. Muchos piensan que es lo que se siente en el Cielo o en el Paraíso: en el imaginario de la humanidad en el Cielo no hay problemas, y esa es una de las razones por las que allí se puede ser feliz, ¿verdad? Tengo claro, por lo que percibo de mis amigos invisibles, que, efectivamente, en este lugar se sienten confortables, contentos, y buscan compartir ese estado con sus familiares y amigos para ayudarles a sanar y reparar la red de amor. Es también lo que narran cuando regresan quienes han tenido las experiencias cercanas a la muerte: en esa dimensión están inmersos en un estado de bienestar maravilloso; es un estado intuitivo en el que perciben tanto amor y paz, que quieren compartirlo apenas regresan de esa inusual experiencia. Es lo mismo que nuestros seres queridos buscan: compartir ese estado de contento para ayudarnos a sanar y a reparar nuestra red de amor.

La felicidad en la Tierra parece no ser igual a lo que se siente en el Cielo. Nos otorgaron la energía de amor como herramienta para ser felices. Cada uno de nosotros, intuitiva o instintivamente, consciente o inconscientemente según su proceso personal, busca cómo lograrlo. Es la gran búsqueda y quien resuelve el acertijo, triunfa. Cada uno de nosotros debe hacerse cargo de esa labor. Encontramos claves en los libros de filósofos que se han preguntado sobre la felicidad a través de siglos de generaciones.[15] Algunos niegan que ello sea posible, mientras otros narran sus propias experiencias sobre cómo alcanzaron tal estado. Estos últimos, las más de las veces, lo lograron al fundamentar su vida en el *ser* y no en el *tener*.

Desde el Cielo nos llegan diversas ayudas para aprender a ser felices. El silencio y la mente abierta son herramientas necesarias para recibirlas. Vienen a través de las llamadas escrituras sagradas, con explicaciones y consejos sobre la realidad de la vida; o de libros que de repente aparecen en nuestras manos, escritos por sabios que comprenden las leyes de la existencia; también provienen de ideas repentinas que nos arriban, no sabemos cómo ni de dónde; o del amigo que nos hace llegar un correo que nos da fuerza en un momento crítico de la existencia; otras veces son experiencias inesperadas de paz que surgen de pronto en una caminata por el campo, en un estado de oración o de meditación… Son vislumbres de otra dimensión que nos traen la certeza de estar acompañados en esta travesía.

Es claro que la felicidad no se obtiene al carecer de problemas; en la vida cotidiana resulta imposible que no existan, los creamos voluntaria o involuntariamente. Entendida como un estado de bienestar y contento interior, la felicidad se origina más en una actitud para enfrentar las dificultades y para procurar no crearse nuevas contrariedades. Es un estado mental que nos ayuda a hacer lo que está en nuestras manos para alcanzar las metas personales con el menor grado de reclamo y el mayor nivel de compromiso, amor y responsabilidad. Es la convicción de que somos capaces de sortear los obstáculos, al tiempo que aceptamos infinidad de circunstancias a nuestro alrededor que no podemos cambiar,

---

15 Para profundizar este tema, recomiendo el libro *En defensa de la felicidad*, del budista Matthiew Ricard (Barcelona; Ediciones Urano: 2012).

pero podemos aceptarlas sin rabia y sin inadecuada resignación. Diferenciar lo uno de lo otro es sabiduría. Una parte de nuestra labor radica en aceptar el duelo, en compartir la vida con nuestros seres queridos en el Cielo y en asumir la elección de comprender la muerte.

7

LAS MASCOTAS: UNA COMPAÑÍA QUE NOS ENSEÑA

Las mascotas tienen una prodigiosa
inteligencia emocional, de la cual podríamos
aprender mucho los seres humanos

Las mascotas también van al Cielo

Como les ocurre a muchos humanos, a mí también me encantan los animales. A un gran grupo nos enamoran esos maravillosos seres que acompañan nuestra existencia. Dentro del enorme portafolio de posibles gustos que nos ofrece la vida, hay tendencias inexplicables por la lógica, que provienen de algún lugar misterioso en nuestro mundo interior y hacen que cada uno tenga "amores" por algo o por alguien. ¿De dónde surge que una persona se vuelva fanática de un cantante o de un deportista? Lo ignoro. Lo que sí sé es que quienes somos "fanáticos" de los animales, a diferencia de los que lo son de figuras famosas, creamos un vínculo de amor y lealtad con nuestras mascotas. Es algo muy personal.

Ese vínculo es además mutuo, pues damos y recibimos amor, los nutrimos de cariño y ellos nos nutren. Creo que muchas de nuestras mascotas nos conocen y, en especial, nos aceptan mejor de lo que puede hacerlo cualquiera de las personas cercanas. Ellas poseen una prodigiosa inteligencia emocional, de la cual podríamos aprender mucho los seres humanos; de hecho, un buen amigo de su mascota comprende pronto cómo ella le ayuda a modelar y mejorar su vida.

Nos enseñan el lenguaje del amor, que es su lenguaje real; cuando no lo usamos se tornan agresivas e infelices, haciendo infeliz la vida del dueño que no supo o no pudo ver en el animal un maestro de amor. Una mascota no es un juguete ni un objeto para mostrar. Es un ser consciente. Animal, ciertamente, pero con una gran conciencia y capacidad de entrega, de observación, de respuesta y de aprendizaje; de generosidad y deseo de cuidar a su amo. En pocas palabras, excúsenme la reiteración, es un ser consciente e inteligente, que además usa un lenguaje propio, tal vez incomprensible para muchos, pero claramente comprensible para los buenos amos. Si miramos con cuidado sus ojos, veremos que son la expresión de un ser, un *alguien*, no un algo.

Las mascotas, si nos damos a la tarea de observarlas, reflejan con frecuencia el estado emocional de sus amos. Intentan consolar, cuidar, animar y proteger con una prudencia y un silencio amoroso que rara vez un amigo humano logra. Incontables historias de amor entre amo y mascota han navegado por el curso de los tiempos dándole un colorido de alegría y compañía a millones de vidas humanas y animales.

¿Cómo no entender entonces la tristeza que produce en la familia la muerte de una mascota? Desde pequeña he tenido varios perros y sé lo que esto significa. Muchas veces me había preguntado qué ocurre con los animales al morir. Cuando era niña pensaba que tal vez, sencillamente, algo se disolvía; que no tenían alma, que su corta existencia terminaba con la muerte. Pero algo en mí se rehusaba a creer que esos seres tan maravillosos, tan amorosos, acabaran en ese instante. Ellos son evolutivamente cercanos a los humanos, ¿por qué ellos sí finalizarían su vida al morir y nosotros no?

La diferencia básica entre los animales y nosotros radica en nuestra capacidad de un lenguaje complejo y en que tenemos un tipo de inteligencia racional más desarrollada que la de ellos. ¿Es esta una explicación suficiente para declarar que ellos no trascienden al morir como nosotros? Al crecer y estudiar textos budistas e hindúes sobre el tema, encontré descripciones de lo que se llama el alma animal, según las cuales la conciencia individual de una mascota es parte de una gran inteligencia colectiva que va evolucionando con la experiencia de cada una. Existe un alma para cada grupo animal, que le confiere las características propias de su especie. Esto al menos me daba un poco de paz, y me confirmaba que aquello que habitaba en mi perro —su conciencia, su ser— no se extinguía con su muerte. Su energía amorosa seguía en algún lado, desconocido ciertamente para mí, y persistía en alguna forma, disuelta en el alma grupal animal. Este hallazgo me ayudó a hacerme vegetariana, pues lo que le ocurría a mi perro debería ocurrirles también a las vacas, los pollos, los pescados, etc. Comprendí que aquello que mira a través de sus ojos es un ser consciente y, como tal, yo lo iba a respetar.

Describo esto porque, en Occidente, a la mayoría nos enseñan que los animales carecen de alma y de conciencia; sólo hasta el año 2012, un grupo de científicos, reunidos en la Universidad de Cambridge (entre ellos el reconocido astrofísico británico Stephen Hawking), publicó un estudio que postula que sí tienen conciencia, algo que los amantes de los animales sabemos desde hace siglos. Según reveló el estudio, los animales no sólo tienen instinto, sino que comparten con los humanos la capacidad de aprender y tomar decisiones, lo cual para este grupo de científicos es indicio de que sí poseen algún grado de conciencia.

¿Qué implicaciones hay en esto? Si los animales realmente no tienen alma o conciencia, no importa matarlos y comerlos; no hay problema ético en hacerlo. También es posible que unos piensen que, aunque tengan alma, su labor es alimentar a los humanos y por ello es lícito matarlos, ojalá con el menor sufrimiento posible. Finalmente otros creen que, si realmente poseen alma o conciencia, hay que respetar sus vidas. La mayoría de los vegetarianos nos inclinamos por esta última opción.

En consecuencia, fue motivo de gran alegría comprobar que los animales sí tienen una vida después de su muerte, al igual que nosotros los humanos. Esta comprobación, como veremos enseguida, no provino de algunas afirmaciones científicas o filosóficas que comparto, sino de inesperadas experiencias en mi consulta.

Las mascotas acompañan a sus dueños en el Cielo

Estaba atendiendo a Elena, una psicóloga a quien había visto por primera vez unas semanas antes a raíz del fallecimiento inesperado de su marido, Ernesto, ocasionado por un infarto mientras practicaba deporte. Ella es una mujer usualmente alegre y optimista, con una sólida formación espiritual y excelente desempeño profesional. Mas la muerte es la muerte, y cuando llega como un evento inesperado en alguien relativamente joven, es raro que las creencias espirituales no tambaleen un poco. Elena, muy triste, se preguntaba, como ocurre por lo general en un duelo, dónde estaría su marido, si se encontraría en algún lugar, si realmente sobrevivía algo de nosotros a la muerte. Ella, como esperaba, no lo sentía cercano; su marido simplemente desapareció de su vida repentinamente y, en medio de su dolor, tampoco percibía la cercanía de Dios. Así multitud de dudas hacían más difícil su duelo.

Pensaba yo cómo brindarle consuelo y con qué palabras, cuando, frente a mí, en una esquina del consultorio cercana a la camilla, observo no una sino dos figuras: un hombre que evidenciaba jovialidad y… ¡un perro juguetón que daba saltos jugando con su amo! No esperaba ver esto. Había tenido visitantes humanos del Cielo pero jamás me había visitado un perro. Los dos, amo y mascota, mostraban un cariño mutuo y también hacia Elena. Él me sonreía y me resultaba paradójico percibir tan claro su carácter divertido y alegre, cuando, al mismo tiempo, estaba yo compartiendo la tristeza de Elena.

¡Y el perro! ¿Qué hacía un perro con él? Yo no había conocido al marido de Elena, así que no tenía ninguna referencia previa. Lo que sí tenía y tengo claro es que, con frecuencia, los visitantes del Cielo dan claves sobre sí mismos, y acá la clave era obvia.

"¿Tu marido quería a los animales?", pregunté mientras el perro seguía saltando al lado izquierdo de Ernesto, como cuando una mascota saluda al amo al que no ha visto desde hace varios días. Elena sonrió; en su cara era evidente que evocaba un bello recuerdo. "Ernesto adoraba a su perro, que murió seis meses antes que él…", me precisó.

Esas confirmaciones me producen siempre una alegría especial, como la de quien recibe un regalo precioso e inesperado. Con todo el cariño y la paz que yo sentía que Ernesto quería trasmitirle a su esposa, le conté que a veces yo podía ver a las personas que habían fallecido, y que, justo en ese momento, estaba viendo a un hombre a quien percibía de buen humor, pero con un detalle que jamás había observado: un perro igualmente alegre a su lado. Le dije que era la primera vez que veía un animal en lo que llamaría cuerpo de luz, así que, aunque me había sorprendido, me alegraba saber que en el Cielo esos amores entre amo y mascota continuaban en una forma tan bella y leal. Le pedí que me aclarara si su marido en vida había sido así de jovial.

Naturalmente, ella se asombró tanto o más que yo. Aunque hacía muy poco tiempo nos conocíamos, ya nos sentíamos cercanas:

para construir cariño no se necesitan muchos años, y Elena es una de esas personas que fácilmente inspiran afecto y confianza. Supe que me creía, a pesar de lo extraño de la situación. El hecho de que su marido, acompañado de su mascota, estuviera presente en el consultorio para reconfortarla y, a través de mí, decirle que estaba bien y que continuaba acompañándola desde una nueva dimensión, fue un bálsamo que se deslizó en su corazón ayudándolo a sanar, sin pasar por su mente, pues esta habría dicho que todo era disparatado e imposible, tal vez una invención bienintencionada de mi imaginación. El perro al que tanto quería y el carácter alegre de Ernesto, detalles que yo desconocía por completo, eran dos claves inconfundibles, ya que él efectivamente era una persona con excelente buen humor, puntadas y alegría espontánea. Como ha ocurrido en otras ocasiones, la tarjeta de autenticidad de la visibilización, el detalle personal que sin palabras me muestran estos amorosos visitantes, permitió la entrada del mensaje de amor al sitio donde tenía que llegar: el corazón de Elena. Después de esta visita, ella inició el proceso de curación, el fortalecimiento de sus creencias y la construcción de un nuevo lazo con su marido en la dimensión del Cielo.

Cuando Ernesto se presentó en mi consultorio me dijo —en ese lenguaje especial que transmite una idea directamente a la mente— algo que sólo Elena sabía: él le había comentado la noche anterior a su muerte, como quien comparte una preocupación, y lejos de pensar que ese comentario se convertiría en realidad, que creía estar abusando de su corazón con el deporte. Cuando me lo dijo a mí, el mensaje era aún más profundo: se sentía responsable de haber ocasionado involuntariamente su propia muerte y de la inmensa tristeza que así había causado a su familia. De alguna forma, él quería disculparse con su esposa y con sus hijas.

Le pedí entonces a Elena que le ayudara explicándole que la muerte es una decisión del alma y que él podía seguir en paz su camino al Cielo. Su vida fue excelente en todos los aspectos, y si el infarto haciendo deporte había sido la forma utilizada por el alma como pasaje hacia otra dimensión, no tenía sentido que se agobiara con culpas innecesarias. Ella le dijo, además, que con su apoyo aprendería a estar bien y a mantener el lazo que siempre los había unido. Ambos corazones estaban sanando, reconstruyendo el vínculo de amor.

Los animales pueden ser mensajeros del Cielo

Cuando estaba escribiendo este libro, atendí en consulta de nuevo a Elena, quien acude periódicamente desde aquella época, unos diez años atrás. Le pregunté qué había significado para ella esa cita en la que le describí la presencia de Ernesto y su mascota. Sonriendo, me contestó que había sido determinante en su proceso: le ayudó a sanar su corazón y le permitió mantener siempre la certeza de la cercanía y el amor de su marido.

Ella ha continuado con una vida de logros, no sólo en el aspecto profesional sino en el sentido humano del éxito: ayuda a otros y, al mismo tiempo, es una persona feliz, que nutre y mantiene su crecimiento espiritual, llevando una vida sana y alegre. Al morir Ernesto, súbitamente debió afrontar una serie de eventos inesperados, como encargarse de actividades a las que no estaba acostumbrada, pues él las asumía; lo hizo con inteligencia y madurez. Se apoyaba en la certeza de que él la ayudaría, entretanto ella debía desarrollar las capacidades para hacerlo.

Que no hayamos hecho ciertas cosas no significa que no podamos aprender a hacerlas. Este aprendizaje da seguridad y satisfacción. Si además lo realizamos con la certeza de que alguien nos ayuda desde otra dimensión, donde el amor es poderoso, fluye con más facilidad. Nadie desde el Cielo puede realizar la tarea que cada uno tiene que llevar a cabo en la Tierra, pero sí nos la pueden facilitar cuando estamos dispuestos a asumirla. Enfrentar con amor nuestras responsabilidades es uno de los cimientos de la felicidad.

Elena me contó un simpático detalle, una clave que la comunica con Ernesto. Es un pequeño juego. Desde hace varios años, cuando viaja a la casa de recreo de unos amigos, un pájaro petirrojo la acompaña con frecuencia, lo cual es bastante inusual, pues se trata de un ave silvestre. Ella hizo un acuerdo con Ernesto: el pájaro sería su mensajero. Así, cada vez que ve la compañía del petirrojo, comprende que es una misiva cariñosa de su marido. Por casi un año no había vuelto a donde estos amigos; entretanto, ellos observaron que el pequeño pájaro había desaparecido. Días antes de asistir a consulta Elena volvió a esa casa de recreo y mentalmente le pidió a Ernesto que, aunque fuera una demanda aparentemente banal, le enviara de nuevo al pájaro como símbolo de su presencia cercana. Efectivamente, el ave, que no había sido visto por muchos meses, no sólo acompañó de nuevo a Elena en su estadía en el campo, sino que ante sus amigos se posó en el espejo retrovisor del carro, así su presencia fue evidente para todos.

Elena no le ha pedido a Ernesto que le pague las cuentas de la luz, ni los impuestos, ni que resuelva las dificultades que se presentan para educar y apoyar a sus dos hijas. Ella lo asume todo, sabiendo que no está sola en la tarea. Sabe también que Ernesto hará su parte: ayudarla en la forma como lo pueda hacer, sobre la cual ella no se plantea interrogantes que no puede resolver. Mantiene esas claves de cariño: el diálogo diario, la cercanía mental, el juego con el petirrojo... ¿Es tal vez este amor sin reclamo ni queja el que abre unas dimensiones en las que es posible que el pequeño pájaro sirva de cómplice para enviar un saludo? Si los animales tienen conciencia y son sensibles a las vibraciones de amor, es muy posible; estoy convencida de que los visitantes del Cielo tienen muchas formas de manifestar su cariño, y una de ellas es mediante los animales silvestres, en especial las aves.

Acompañar a una mascota en su paso al Cielo

A pesar de no tener cita, Gabriel, un pequeño paciente, y su mamá entraron al consultorio. Como atiendo las urgencias sencillas, no me pareció extraño y pensé que se trataba tal vez de un resfrío o un dolor abdominal, ya que vi al niño con los ojos llorosos. Cuando me acerqué a saludarlo, observé a un perro flotando a su alrededor, como si una cuerda de luz los uniera a ambos, niño y mascota. Sabía que la familia tenía una perrita, así que no atiné sino a decir, antes de que él o su madre me contaran nada, "¿Qué le pasó a tu perrita?". Era evidente que había muerto, sólo que yo no sabía cómo había ocurrido y pensé en alguna enfermedad aguda. El niño rompió en llanto y la madre me explicó que hacía poco rato la había atropellado un carro, había fallecido y el niño estaba muy triste, por eso me lo había traído al consultorio.

Como he tenido perros desde pequeña y varios han muerto, sé lo que es perder al compañero, no sólo de juegos, que finalmente es una pequeña parte de la función de una mascota, sino a uno de los mejores amigos del corazón. Por fortuna, un niño comprende con más rapidez que un adulto las verdades esenciales, las verdades del corazón.

Abrazándolo y hablándole con mucha ternura y respeto por su tristeza, le expliqué que le había preguntado por su perrita porque la veía flotando a su alrededor, con un lazo invisible que los unía. Le dije que algunas personas podíamos ver a los seres que han muerto, y que, aunque no tienen el cuerpo físico, tienen un cuerpo de energía que no se ve con los ojos comunes pero sí con los ojos espirituales. Le conté que ella estaba muy preocupada por verlo tan triste y que, si bien no podíamos devolverla a su cuerpo físico, él sí podía aprender a querer a su perrita invisible. Le dije que con ese cuerpo de energía ella podría ir ahora también al Cielo y descansar, pero que también vendría a acompañarlo con frecuencia, por cuanto, en esa dimensión, la velocidad con la cual se trasladan es casi instantánea. Lo invité a agradecerle a su amiga canina lo bella y leal que había sido con él y, aunque era normal que estuviera triste, podíamos acompañarla en su viaje al Cielo con nuestra mente y nuestro corazón. Agregué finalmente que ella podía comprender sus pensamientos, incluso mejor de lo que lo hacía cuando estaba viva en su cuerpo físico.

Él hizo silencio, cerró los ojos y se comunicó con su mascota. Aunque no supe lo que le dijo, la figura canina se fue desprendiendo del niño y desapareció. Gabriel, aunque triste, se tranquilizó. Había comprendido que su perrita seguía viva y cercana, pero que estaba sufriendo por él; que si se concentraba en lo bonito que habían compartido y en que el amor que se tenían iba a continuar, sólo que en una forma diferente, aprendería a aceptar la muerte de su mascota. Hizo lo que todo buen amigo debe hacer: acompañar al otro en su viaje a la Luz, ayudar a que este se haga en paz y calma.

Gabriel es ahora un joven emprendedor, con excelente carácter; aún asiste periódicamente a mi consulta y, como toda su familia, ama a los perros. Superaron el duelo y tienen ahora otra mascota que aporta ese cariño y dinamismo que sólo los animales pueden dar a una familia. Al preguntarle por ese episodio, me cuenta que lo recuerda muy vívidamente, lo mismo que a su perrita, a quien sigue queriendo y evocando sin tristeza, más bien con la alegría de haber compartido una parte de la vida con una fiel amiga. Esa es la mejor forma de recordar a nuestros seres queridos.

Supongo que, así como los humanos tenemos en común muchas características vitales con los animales —reproducción, nacimiento, crecimiento, desarrollo y muerte muy similares, etc.—, no debería extrañarnos que compartamos con ellos la trascendencia a otra vida. Espero, amable lector, que si tienes una mascota la disfrutes y la respetes como el excelente amigo que es, aunque a veces te desespere con comportamientos molestos que no cambia, usualmente debido a que no hemos sabido educarla. Si tuviste una mascota que ya murió, envíale tus mensajes de cariño y gratitud, pues seguro los recibe feliz, ¡como te recibía a ti cuando regresabas a casa! Para ello sólo tienes que pensar en su imagen: la mente sabe que esa imagen corresponde a un ser único en el universo y, al igual que cuando envías un texto por teléfono y llega exactamente a la persona que quieres, ese mensaje será llevado por tu mente superior a tu mascota. No lo dudes.

Y si, en el momento en que la vida lo designe, tu mascota muere o le debes ayudar a evitar un sufrimiento mediante la eutanasia, acompáñala con tu corazón, explícale que va a ir a un sitio donde se sentirá muy bien, que ambos seguirán acompañándose con frecuencia, que seguirás amándola y compartiendo con ella muchos de tus momentos de vida, tal como lo hacías hasta ahora, y que, aunque no la veas, tu corazón sabe que los lazos de amor y lealtad que han construido pasan a través de otras dimensiones y se mantienen los vínculos de unión. Muéstrale finalmente la gratitud y el amor que le tienes; de este modo, ella podrá partir en su viaje a otra dimensión con la paz de haber cumplido bien su tarea: querer a su amo y hacerlo feliz.

8

El viaje al Cielo

Describen un sentimiento de verse envueltos
por amor, paz, ausencia de preocupación.
Ven el mundo desde otra perspectiva, que no viene
de la lógica, sino de una conciencia más amplia,
en un presente en el cual ni los recuerdos
del pasado ni las posibilidades del futuro les
quitan la paz

Creo que uno de los grandes interrogantes de la humanidad se refiere a ese misterioso lugar o dimensión que denominamos Cielo. De él hablan casi todas las culturas y creencias a lo largo de la historia, independiente de lo evolucionadas que las consideremos. ¿Qué es el Cielo? ¿Cómo se va hasta allá? ¿Todo el que fallece va al Cielo? ¿Algunos regresan? ¿Quién es el que viaja?

Elisabeth Kübler-Ross, maestra en el arte de acompañar al enfermo

La doctora Elisabeth Kübler-Ross nos ha ayudado a resolver algunos de estos interrogantes. Ella fue una médica psiquiatra nacida en Suiza, quien vivió en los Estados Unidos luego de terminar sus estudios. Realizó un arduo y dedicado trabajo de investigación sobre la muerte, entregándonos un invaluable legado sobre este complejo tema. Para ello se dedicó por muchos años a acompañar moribundos –en especial niños–, y estudió más de veinte mil casos de personas que estuvieron en el umbral de la muerte y luego regresaron. Esto es, personas que fueron declaradas muertas por ausencia evidente de signos vitales, incluso en clínicas y hospitales, donde los electrocardiogramas y electroencefalogramas indicaban la muerte del cuerpo físico, y luego, por motivos extraordinarios, regresaron a la vida y narraron sus experiencias extracorpóreas.

La doctora Kübler-Ross divide en tres etapas los eventos que ocurren en estas experiencias, las cuales se pueden asimilar parcialmente a lo que sucede en las muertes sin retorno.

La **primera etapa** es la muerte del cuerpo físico y la salida del cuerpo de energía. La doctora señala que esta salida puede ocurrir incluso un poco antes de que muera el cuerpo físico.

En la **segunda etapa**, la persona es completamente consciente de seguir viva en un cuerpo no físico, llamado cuerpo energético. En ese estado puede observar con claridad su cuerpo físico inerte y todos los detalles que rodean el suceso de su muerte; escucha a los que se encuentran a su alrededor y siente que el cuerpo de energía en el que está es saludable e íntegro, sin dolores ni molestias. Incluso personas ciegas que han vivido estas experiencias relatan en detalle lo que vieron y, al regresar de nuevo a la vida física, continúan estando ciegas. La ceguera es una condición del cuerpo físico, no del energético.

Podría describir esta segunda etapa como la conciencia de seguir vivos en un cuerpo distinto al físico, el cual necesariamente debemos abandonar, con todo lo que ello implica. En esta fase, el ser permanece aún en el plano terrenal, pero no puede interactuar con él, pues, aunque puede ver y escuchar lo que ocurre en su entorno, no es visto ni escuchado por nadie. Esta es una de las razones por las cuales debemos ser muy respetuosos y cuidadosos con nuestras palabras y actos en presencia de alguien en coma o recientemente fallecido. Parecería un consejo innecesario, ya que deberíamos ser siempre respetuosos con los enfermos o los muertos, pero esto no siempre ocurre. Ésta es una de las grandes enseñanzas que la doctora Kübler-Ross legó a los profesionales del gremio de la salud, y que es válido para todos nosotros.

Esta etapa termina cuando el ser que ha fallecido o está en el umbral de la muerte se traslada a una dimensión luminosa, cruzando lo que la mayoría describe como un túnel de luz o un portal. Algunos narran que para entrar en ella atraviesan un puente, vuelan, cruzan un río o caminan por un sendero. El contexto externo que observa cada persona en su viaje parece tener relación con sus propios recuerdos y creencias. Lo que es idéntico para todos es la descripción de acercarse a una gran fuente de luz que los envuelve en un sentimiento profundo de ser amados, de paz, de alegría y de bienestar inigualables. Esta luz puede tomar cualquiera de las formas con las que asociaron en vida a Dios, ya sea Cristo, Shiva, Dios Padre, Divina Madre o cualquiera de los nombres mediante los cuales la Divinidad ha sido venerada y concebida por los seres humanos. Personas no creyentes que han tenido esta experiencia narran haber visto la hermosa fuente de luz, no personificada, acompañada de sentimientos de amor y paz. Esa luz ha sido llamada por muchos Conciencia Divina, Luz Divina, Espíritu Universal y nombres similares que intentan designar de alguna forma "algo" o "alguien" para quien, coinciden quienes han experimentado este momento, no hay lenguaje humano suficiente que describa en su totalidad.

La doctora Kübler-Ross añade que esta segunda etapa se caracteriza igualmente por la experiencia de verse o sentirse acompañado por seres de luz, ya sean familiares, amigos, guías espirituales, ángeles, la Virgen María para los católicos o alguno de los santos de quienes eran devotos; recordemos que hay santos en la gran mayoría de creencias espirituales, así se denominen budas, maestros, gurús o guías, entre otros.

Cuando esto ocurre, ya se está entrando en una dimensión celestial y comienza la **tercera etapa,** según la clasificación de la doctora. En ella, la persona está envuelta en esa luz de amor que le proporciona la paz necesaria para llevar a cabo una tarea que acá en la Tierra es difícil cumplir sin emociones dolorosas: la de revisar su vida. En esa dimensión se pueden observar los aciertos y desaciertos, tanto propios como ajenos, con un talento especial para diferenciar lo que fue hecho de acuerdo con las leyes del bien y del amor de lo que no, talento del cual usualmente carecemos en nuestro cuerpo físico.

No se niegan los errores, pero la conciencia de ellos no ocasiona culpa, rabia, angustia, miedo o cualquier emoción destructiva similar. Es un proceso de aprendizaje profundo, se comprende con mayor facilidad y cuando no se actuó de acuerdo con el corazón; podemos hacer conciencia de aquello que los propios pensamientos, palabras y actos ocasionaron en los demás, abriendo la posibilidad de retejer los hilos del amor, perdón y reconciliación.

No es una tarea fácil, pero la energía divina ayuda a comprender, a aceptar y a darles la justa importancia a los actos realizados durante ese ciclo de vida. También se valoran las obras de amor que se llevaron a cabo, incluidas las oraciones. Esta visión global, y al mismo tiempo profundamente detallada de su vida, permite a la persona evaluar cómo vivió con las oportunidades, bendiciones y dificultades que tuvo.

Diversas personas que han vivido estas experiencias de muerte temporal hacen énfasis en la sensación de ver desde otro ángulo su vida; comprenden mejor lo que les ocurrió, desaparece la sensación de ser víctima, si la tenían, y, de igual manera, desaparecen muchos de sus juicios equivocados sobre otras personas o eventos vitales. Se apropian de la responsabilidad que le cabe frente a sus procesos personales, la cual, con enorme frecuencia, se traspasa a otros en la vida cotidiana.

Comprender que ser responsables no es ser culpables: esta es una gran diferencia en la forma de ver la vida desde el mundo espiritual. Ser responsables es aceptar que todo lo que ocurrió en nuestra vida tuvo que ver con una acción o decisión personal, o fue un proceso de aprendizaje aceptado por el alma. En la Tierra, ser responsables incluye, además, procurar hacer lo que esté en nuestras manos para reparar las consecuencias negativas de esos actos o decisiones, si esto fuera pertinente y posible. La culpa, en cambio, implica una carga emocional negativa y destructora. Con frecuencia, la persona queda tan envuelta en la culpa que no se esfuerza por cambiar y reparar; por esta razón, para algunos la culpa es algo cómodo: con sólo sentirse culpables pueden tener la falsa idea de que ya pagaron por su error. Es igual de cómodo culpar a otros en lugar de hacernos responsables de nuestros actos. Sin embargo, en la revisión de vida no se puede hacer esto, pues se ve con claridad qué se hizo, qué faltó, y se entiende la razón de cuanto nos ocurrió. Tal vez esto explique el hecho de que algunas de las personas que tuvieron experiencias en el umbral de la muerte narren visiones amedrentadoras y oscuras, todo de muy corta duración. Quizás tenga que ver con el estado emocional en el que se encontraban.

Ser responsable no quita de inmediato el dolor o el arrepentimiento ante la conciencia de las faltas o los errores cometidos. Pero es el primer paso para solucionarlos, el peldaño para crecer espiritualmente y aprender de ellos. La culpa, en cambio, paraliza, avergüenza e impide la posibilidad de seguir adelante, de tener paz. Aceptar que hemos cometido errores, voluntaria o involuntariamente, se hace más fácil en el Cielo, en presencia del Amor de Dios, quien nos inspira a amar y a amarnos, a perdonar y a perdonarnos.

En este punto, la mayoría de las personas que están teniendo una experiencia en el umbral de la muerte regresan. Esa Luz les revela qué les falta por hacer o cómo lo pueden hacer con más amor. Son invitadas a volver a su cuerpo físico y se les explican las razones que les ayudan a tomar la decisión de regresar a un cuerpo y a una vida que, comparada con la del Cielo en el que están, parece bastante incómoda. No obstante, y por fortuna, la mayoría regresa con una experiencia enriquecedora que transforma su existencia, con una perspectiva diferente que les permite reorganizar la vida, disipar el miedo a la muerte y tener la certeza de que existe una vida maravillosa luego de la terrenal.

Las experiencias a este nivel suelen tener su lado divertido. Una amiga me relató la siguiente historia: su tía tenía un enfisema pulmonar y, aunque se hallaba muy enferma, estaba consciente y en pleno uso de sus facultades mentales. A pesar de su enfisema, no presentaba ninguna agravación particular que hiciera pensar que pronto moriría. Una mañana, la sobrina fue llamada a acompañar a la tía, quien se había levantado con la certeza de que ese día sería el último de su vida, y así se lo hizo saber a sus familiares. Comentó que sentía algo distinto que le permitía saber que esto iba a suceder. Estuvo muy adormilada y, mientras tanto, sus familiares la acompañaban, sorprendidos de la seguridad con que ella había anunciado que moriría ese preciso día. Alrededor de las cuatro de la tarde, súbitamente despertó y se levantó narrando que había estado en un hermoso jardín, lleno de flores y árboles que emanaban un aroma muy agradable, y que a su derecha había visto a su papá y a su mamá. Sin embargo, a la izquierda había divisado a su esposo ya fallecido, con quien no había tenido las mejores relaciones. Golpeando el dorso de una mano contra la palma de la otra exclamó enfadada que si su marido estaba en el Cielo, ¡ella no se iría a ese lugar! Los hijos la tranquilizaron, aconsejándole que si volvía a ese jardín siguiera de largo, que no tenía que encontrarse con él.

Ella cerró de nuevo los ojos, entró en una especie de trance y a las dos horas falleció. Este es un caso de alguien que regresó del Cielo para muy pronto volver a él. Esperemos que haya podido pasar rápidamente ayudada por sus padres y que, una vez allí, en el momento oportuno y con la ayuda de un buen conciliador, haya logrado hacer las paces con su marido.

Lo que han descrito los visitantes del Cielo y que ha sido recopilado en las tradiciones espirituales de muchas culturas es que aquel que no regresa de esa experiencia en el umbral o limbo y su cuerpo físico murió definitivamente, luego de su autoevaluación entra al Cielo y es llevado al nivel apropiado según sus procesos espirituales y afinidades. Jesús dijo: "En la casa de mi Padre hay mucha moradas"; ésta es una metáfora de los distintos estados que existen en ese mundo espiritual. Al estar rodeado de una atmósfera donde no hay juicio, culpa ni rechazo, cada uno entiende lo que aún debe aprender o elaborar, y acepta con contento estar en el preciso nivel desde el cual puede continuar su tarea de crecimiento espiritual. A donde llegue es recibido por amigos y familiares que se encuentran en un nivel similar y le brindan siempre sentimientos de fraternidad, amor y consuelo.

¿Por qué se requiere consuelo si se está en el Paraíso? Muy sencillo: uno cosecha lo que siembra. No es lo mismo que sor Teresa de Calcuta o el Papa Francisco lleguen al Cielo a que lo haga cualquiera de nosotros. Estar allá no impide que uno tenga la conciencia del propio obrar y de los resultados de lo que hizo o dejó de hacer. Llegar al Cielo no nos hace de inmediato santos ni mejores de lo que fuimos; nos hace más conscientes de aquello que hicimos, lo cual puede ser profundamente revelador y doloroso.

La tristeza en este caso no está unida al sentimiento de culpa. Esa conciencia puede ocasionar algún grado de aflicción, y por ello los guías espirituales y amigos son tan valiosos para ayudar a procesarla. Creo que aquí la expresión "propósito de enmienda" cobra su mejor sentido, ya que desde la conciencia de procurar mejorar se logra mucho más que desde la culpa, que impide experimentar un buen sentimiento hacia sí mismo. A pesar de percibir lo que falta en el camino espiritual, esto no se hace desde la autocrítica destructiva, sino desde la aceptación serena de que estamos en un proceso evolutivo. Ojalá muchos lográramos trabajar en vida la conciencia del error como, por fortuna, lo haremos al llegar al Cielo.

Cuando nuestros seres queridos están en cualquiera de esas etapas, podemos apoyarlos. Las religiones universales, con mucha sabiduría, invitan a orar por los seres fallecidos. La oración es una fuerza de amor, de energía espiritual que ayuda al que muere a continuar su tarea evolutiva en el Cielo. Si alguien ora por uno con amor –diferente a la oración mecánica, fría, repetitiva, sin conciencia ni intención–, es porque nos ama de alguna forma. Sentirse querido, recordado, perdonado, admirado, o que nos lleguen sentimientos de gratitud y alegría por nuestra labor en la Tierra, facilita la tarea en el Cielo. Las oraciones reparan, fortalecen, alegran. Son una fuente de energía luminosa que contribuye al proceso de transformación y aprendizaje en esa continuidad de la vida que ocurre en el Cielo. Dios responde enviando su amor y luz a aquel por quien se ora.

La oración y los estados intermedios

Las oraciones son de gran utilidad para nuestros seres fallecidos, en especial durante los primeros días y semanas luego de su muerte. Para comprender esto, es conveniente tener en cuenta que hay diferencias notables entre lo que les ocurre a las personas que tienen una experiencia en el umbral de la muerte, que han sido declaradas muertas y luego retornan a la vida física, y lo que les acontece a aquellas que no retornan. Quienes regresan tienen una segunda oportunidad para reformar su vida; los otros no.

Recordemos brevemente las etapas en que clasifica la doctora Kübler-Ross el proceso de la muerte:

1. Muerte del cuerpo físico y salida del ser humano que lo habitaba.
2. Conciencia de seguir vivo, en un cuerpo energético totalmente sano, con capacidad de observar y escuchar lo que ocurre a su alrededor en el plano terrenal. Conciencia de estar acompañado por seres de luz, ya sean familiares, amigos o guías espirituales. Conciencia de atravesar un portal que conduce a una fuente de luz indescriptible que emite amor, paz y otros sentimientos sublimes que lo envuelven, alivian y trasforman.
3. Proceso de autoevaluación en presencia de esa Luz divina, conciencia de todos los pensamientos, palabras y actos en la vida, y de las consecuencias que tuvieron para sí mismo y para otros.

Son diferentes las descripciones que hacen de la fuente de Luz divina. Unos narran haber visto alguna de las muchas manifestaciones de Dios, que generalmente coinciden con la forma en la que están acostumbrados a imaginarlo, la cual depende de la vida y creencias de cada uno: Jesús, Dios Padre, Shiva, etc. Otros relatan la sensación de sentirse envueltos por un amor incondicional que todo lo abarca y perciben que son una parte del tejido universal que vincula a todos los seres. Se dan cuenta de que formamos parte de un solo Ser, un solo tejido de vida que se expresa en múltiples niveles de conciencia. La descripción de la luz que los envuelve y los llena de amor es el rasgo más frecuente en estos los relatos.

Debo hacer hincapié en que estas etapas, narradas por los que han regresado a su cuerpo físico, suceden en un tiempo terrenal muy corto, de minutos u horas. Aquellos que no regresan, cuya muerte es definitiva, pasan por las mismas etapas, con la diferencia trascendental de que la duración de la segunda puede ser dramáticamente diferente; allí pueden permanecer mucho tiempo, días, meses o años, sin cruzar el túnel o portal hacia la luz, en lo que se denominan *estados intermedios*. No están en la dimensión física ni en la celeste, se encuentran algo perdidos del camino. Requieren asistencia, una oración, un perdón, la conciencia de que desde allí no pueden ayudar sustancialmente y deben avanzar hacia otra dimensión. Se quedan en el plano terrenal, en su cuerpo de energía etérica[16] por muchos motivos. Pueden ser tan variados como la culpa y el temor de buscar a Dios por una falsa idea de un dios castigador, hasta la negación de la existencia de un Ser Superior a quien, por lo tanto, no van a buscar. También pueden quedarse atados a la dimensión terrenal por deseos de venganza, o motivos opuestos como el anhelo de ayudar, de reparar o terminar una labor, como la de cuidar a un hijo.

Incluso los que quisieran ayudar deben tomar conciencia de que en estas condiciones no pueden hacerlo y sólo si han llegado a planos de luz pueden colaborar eficazmente con sus seres queridos, al mismo tiempo que logran paz y bienestar para sí mismos.

En estos estados intermedios, la oración tiene un efecto poderoso, y el consejo amable al ser fallecido acerca de cómo dirigirse hacia la Luz puede ser de vital importancia. Por esta razón, sencilla pero importante, se ora por los muertos, y todas las culturas religiosas y espirituales hacen énfasis en ello: para darles o recordarles las instrucciones de viaje, acompañarlos y facilitarles el proceso de cruzar el umbral del Cielo y alcanzar la tercera etapa. Las ceremonias religiosas, las misas, los rezos, los novenarios y los diferentes rituales tienen ese mismo objetivo. Sin embargo, con frecuencia se

---

16   Algunos denominan *ectoplasma* a este cuerpo sutil que tiene la persona fallecida cuando no pasa al nivel del Cielo, y que depende de fuentes externas de energía para poder mantenerse.

olvida que su finalidad es ayudar y no entorpecer este viaje, lo cual podría ocurrir si estas ceremonias y oraciones se hacen inundadas de emociones dolorosas.

A pesar de que he sido reiterativa, debo insistir en que el dolor, la tristeza, el llanto incontenible, la sensación de ruptura interna y de herida silenciosa son casi inevitables en los duelos, más aún si la persona que ha muerto era amada por sus cercanos. Este dolor es sagrado, se origina en lo más profundo del corazón, proviene del desgarro de un lazo de amor con alguien con quien se ha construido un vínculo significativo, con quien se ha compartido la vida y cuya pérdida resulta irreparable. Cuando amamos a alguien, ese ser se torna en alguna medida en una fuente de alegría, compañía, soporte, amor y afecto, cualidades invaluables. Perder esto duele, no es algo que se pueda reemplazar. Mas honrar ese amor es algo que también pueden hacer las personas que se quedan. Sin negar el dolor, podemos comunicarnos mentalmente, o si lo deseamos en voz alta o escribiendo una carta, con nuestro ser querido; hablarle, orar por él, comprender que para él también es doloroso nuestro duelo, y que nuestros reclamos pueden hacerle aún más difícil su partida.

Hay diversas formas de llanto. Unos que desahogan, liberan emociones, calman y pacifican; son reparadores y necesarios. Si me permiten el calificativo, es un llanto dulce, como un bálsamo, una herramienta que nos dio la naturaleza para ayudar a drenar el dolor del corazón. Otros ahogan, queman, debilitan, destruyen. Son los que brotan de las vísceras, de emociones violentas. Dicen algunos textos tibetanos que cuando el ser que ha fallecido se encuentra cerca de alguien que llora así se siente golpeado por nieve y fuego; tiene que retirarse y tomar distancia.

Por estos llantos, tristezas y reclamos destructivos, es posible que algunos de nuestros seres queridos fallecidos no logren pasar rápidamente a la dimensión de Luz, y se toman su tiempo tratando de ayudar al que se queda. A otros esto los lleva a alejarse, para disminuir su propio dolor, y siguen su camino al Cielo dando tiempo a que su familia se recupere para, posteriormente, reconstruir los lazos de conexión. Para evitar esto, podemos comprender y aceptar que, con nuestra oración, el que muere podrá pronto estar en la Luz del Cielo y desde allá nos ayudará en distintas maneras, lo cual traerá paz tanto a él como a nosotros. Verbal o mentalmente podemos expresarle que, a pesar de lo tristes que nos sentimos, le deseamos lo mejor; que busque la Luz y desde el Cielo interceda para que nos llegue fuerza, consuelo y comprensión. Todo esto hará que la persona que trasciende pueda realizar más fácilmente el paso a la nueva dimensión. Nos ayudará a establecer esa nueva comunicación silenciosa, sin anclarlo con reclamos por su ida a permanecer cerca de nosotros indefinidamente sin poder ayudarnos realmente, impidiéndole además su avance espiritual.

Otra diferencia relevante entre los que regresan y los que mueren definitivamente es la etapa de autoevaluación, que en los primeros ocurre usualmente en presencia de una Luz amorosa y protectora, mientras que en los segundos puede darse antes de cruzar el umbral, en especial cuando en su vida se alejaron del bien. Puede ser agobiante y dramático ver de repente –y sin ayuda de esa Luz– todos sus actos de crueldad, maldad y egoísmo desfilar ante su conciencia, quedando encerrados en la energía que ellos mismos generaron. Esto puede llevar a alguien a quedarse un tiempo en ese estado o plano intermedio; allí permanecen hasta que descubren que si piden ayuda, esta llega por parte de los seres de luz y son conducidos al Cielo. Es algo sencillo, pero requiere conciencia y humildad para hacerlo. Después de la muerte todo sale a la luz de la conciencia. Nada queda oculto: somos nuestros propios jueces. El relato que hace una amiga y paciente de una circunstancia particular que vivimos juntas nos ayuda a comprenderlo:

Estuve en Nueva Orleans durante tres semanas acompañando a mi tía en los últimos días de su vida. Ella padecía de un cáncer terminal y tras el diagnóstico de que le quedaban más o menos dos años de vida, el tiempo se cumplió y llegó el momento en el que se preveía que su final sería pronto. Ella se negaba a morir, estaba atenta a todo lo que sucedía a su alrededor, no se quería perder nada. Luchaba con todo su ser por quedarse aquí. Los médicos no se explicaban cómo podía seguir viva.

Murió un miércoles de ceniza. El sábado siguiente regresé a Colombia y el domingo no pude levantarme en todo el día, me sentía exhausta, sin fuerzas. El lunes tenía cita con la Dra. Elsa Lucía Arango, mi amiga y compañera de colegio. Al entrar a su consulta, lo primero que me dijo fue: "¿Qué es esa sombra oscura que tienes sobre tu hombro?". Yo no veía nada; procedí a relatarle de dónde venía y me dijo que mi tía no se quería ir, que estaba absorbiendo mi energía para poder mantenerse en el plano terrenal y que deberíamos ayudarle a hacer la transición al Cielo.

Me señaló que sería conveniente hablarle en un lenguaje sencillo, ya fuera mentalmente o en voz alta, explicándole que su vida acá había concluido, que buscara la Luz de Dios y la siguiera, así sería llevada al Cielo. Nada de lo que le decía la convencía; ella seguía aferrada a mi energía, debilitándome cada vez más.

En meditaciones grupales intercedíamos ante Dios por su alma, le decíamos que subiera, que si ella lo decidía, cuando ya hubiera llegado al Cielo y realizado el proceso que allí se hace, podría volver a bajar periódicamente a acompañarnos. Todo esto era inútil; ella no quería irse de mi lado.

En una de estas sesiones de meditación y oración, una de las asistentes, quien tiene el don de ver y hablar con quienes han fallecido, observaba que mi tía ascendía parcialmente a niveles espirituales superiores, regresando al poco tiempo. Ante esto le pedí que le preguntara cuál era la razón para no querer irse, a lo que ella contestó: "Es que voy con las manos vacías".

CLARA ELENA DE ZUBIRÍA

La conciencia de no tener obras de amor, bondad y compasión eran el impedimento para hacer su viaje al Cielo. No se sentía digna de ese Paraíso. Ignoro si era por sus creencias religiosas, según las cuales sólo una persona de gran altruismo podría merecer el Cielo, o si era porque realmente su vida tuvo grandes vacíos en cuanto a preocuparse por los demás.

En esta circunstancia, de nuevo, la oración es poderosa; nadie debe quedar condenado a estar lejos de la paz por toda la eternidad. Orar por alguien que cometió faltas graves, cercano o desconocido, no lo exime de lo que tendrá que hacer en un plano espiritual para redimir su conducta. Sencillamente, le facilita obtener ayuda para enmendar sus actos, y es sabio dejar que Dios se encargue de lo que apropiadamente se llama justicia divina. Lo que alcanzo a comprender de ella es que si alguien se hace consciente de sus faltas, se arrepiente con humildad y tiene propósito de enmienda, en cualquier dimensión en la que se encuentre, obtendrá asistencia para pasar a otra superior, para transformarse a sí mismo y compensar de alguna forma el daño que causó.

Construimos nuestro infierno o nuestro Cielo

Somos nosotros mismos quienes construimos
–ladrillo a ladrillo– el mundo energético que nos
rodeará al abandonar el cuerpo físico.

Llegar a ese estado de equilibrio puede requerir un tiempo variable según la vida que haya tenido el individuo en la Tierra.

Si alguien fallece, se da cuenta pronto de sus faltas y errores; esto puede ser muy traumático si su vida estuvo marcada por la violencia, el miedo o la culpa; más aún si sus creencias religiosas o espirituales eran confusas. Esa conciencia puede mantener a alguien lejos del Cielo por mucho tiempo. Purgatorio e Infierno, los planos que ilustra Dante Alighieri en *La Divina Comedia*,[17] o algunos bardos[18] descritos por los tibetanos son denominaciones de los estados internos y externos que experimenta alguien que, al fallecer, hace conciencia del daño que causó y desconoce las herramientas espirituales para salir de ese abismo. No hace un viaje directo al Cielo; su camino es más lento, mientras se libera de los pesos que le impiden ascender. Estos son los **estados intermedios**.

Culpa, resentimiento o rabia y temor son los tres grandes impedimentos para entrar al Cielo. Las emociones que hemos cultivado en la vida terrenal van estructurando nuestros cuerpos emocional y mental. Cuando usamos términos como emociones destructivas, mente oscura o pensamientos lóbregos, nos referimos a lo que se percibe desde un plano intuitivo. De hecho, los videntes lo describen como una maraña de imágenes y emociones que van envolviendo al ser humano, a la manera de una densa niebla que impide ver la luz.

Si comprendemos esto, es fácil entender por qué tantas culturas espirituales oran por la paz del que fallece, pidiendo que descanse

---

17 *La Divina Comedia*: viaje alucinante en el cual Dante busca a Beatriz –símbolo de la Luz– a través del Infierno, el Purgatorio y el Paraíso.

18 Los bardos es la denominación que dan en la cultura budista tibetana a los estados intermedios por los que pasa el ser que fallece desde el momento de su muerte hasta que se prepara para un nuevo ciclo de vida o reencarnación, o hasta que llega al Cielo. Lo que ocurre en estas etapas depende del tipo de vida que haya llevado la persona; pueden ser luminosas y pacíficas, en el caso de alguien que llevó una vida correcta y piadosa, o lúgubres y aterradoras, si fue una persona violenta y egoísta.

en la Luz. Estar lejos de ella y verse y sentirse envuelto por las emociones y pensamientos negativos que fue acumulando en la vida y que forman un encierro involuntario, pero autogestado, no es un estado precisamente paradisiaco. Tanto las imágenes que narra Dante en su *Divina Comedia* como las que describen en los bardos tibetanos no parecen ser otra cosa que las visones que observa el fallecido de su propio campo emocional y mental, lo cual puede ser terrorífico. Más aún si continúa creyendo que esto es real y no sólo una construcción de su psique. Si persiste en sentir odio, apego, resentimiento o soberbia, u otros rasgos similares que marcaron su personalidad en la vida terrenal, más difícil resultará recurrir a la humildad en otras dimensiones.

Somos nosotros quienes construimos –ladrillo a ladrillo– el mundo energético que nos rodeará al abandonar el cuerpo físico. Por supuesto que, si se han cultivado pensamientos constructivos, emociones y sentimiento nobles, y se ha buscado servir, ayudar, reconfortar, esa energía emocional y mental construirá lo que metafóricamente podríamos imaginar como un bello capullo de mariposa que dejará pasar la luz al interior. Entonces el habitante de ese capullo, en el momento de su muerte, podrá desplegar sus alas y volar fácilmente hacia la Luz, al Cielo, para continuar su camino de crecimiento en el amor. Será un precioso viaje, acompañado de sentimientos de alegría y paz, además de la presencia de familiares y amigos que ya han trascendido a esta dimensión.

Cuerpos de energía

En el Cielo se realiza una reconfiguración del cuerpo que se tenía en la Tierra. Al encarnar, cada alma construye un cuerpo con los materiales de este plano físico, vivificado por el cuerpo de energía, que no muere al morir el físico. Al regresar al Cielo, este cuerpo de energía, nutrido por el alma, debe efectuar una adaptación para continuar su nueva etapa en esa dimensión. Según el estado en que estaba cuando muere su cuerpo físico, esta adaptación o reconfiguración será diferente. En efecto, el estado energético de alguien que fallece en una situación de gran estrés emocional o trauma físico es muy diferente al que se tiene luego de una vida longeva, tranquila, sin gran sufrimiento al morir. Sus cuerpos de energía tendrán condiciones muy diferentes. Los primeros requerirán de un tiempo y muchos cuidados para repararse; por decirlo metafóricamente, irán al hospital del Cielo. La oración puede ser de gran utilidad para ellos. Los segundos, en cambio, llegarán prontamente a reunirse con sus seres queridos.

Cuando me refiero a cuerpo de energía incluyo tres niveles: vital, emocional y mental. Los vamos construyendo día a día con lo que nos nutrimos, lo que hacemos, sentimos, pensamos y creemos. Las rutinas de comida, ejercicio, descanso, sueño, trabajo, etc., van configurando la vitalidad del cuerpo físico. Los hábitos emocionales, las relaciones interpersonales, lo que ocurre en nuestro entorno, los éxitos y fracasos, las alegrías y tristezas y demás sentimientos y emociones modelan nuestro cuerpo emocional, y su impacto está profundamente marcado por el grado de conciencia y madurez que desarrollemos. Creencias, ideas, pensamientos, dudas, reflexiones y similares son el material que va forjando el nivel mental. De lo anterior se deduce que estos cuerpos son flexibles, renovables, sanos. Sin embargo, si los nutrimos con toxinas físicas, emocionales o mentales, lo más probable es que se tornen rígidos y enfermen.

Al morir, lo que abandonamos es ese maravilloso entramado de moléculas materiales llamado cuerpo físico con el que "forramos" el cuerpo de energía; nos vamos con este último –que contiene nuestro depósito de vitalidad, emociones y pensamientos– al plano que nos corresponda llegar en el Cielo. Allí se reconfigura para las diferentes necesidades que hay en esa dimensión espiritual, reparando el desgaste que haya sufrido en los tres campos de expresión mencionados durante su ciclo de vida, antes de morir. Cuando esto se realiza, ese cuerpo tiene vitalidad inagotable mientras esté en ese plano espiritual, y el estado emocional se torna sereno y alegre. Todos los campos se reparan. No significa que se vuelvan perfectos, pues lo que no se hizo en la Tierra tampoco se logra de inmediato en el Cielo; se hace conciencia de lo que queda pendiente en el camino de evolución personal, no como una pesada obligación, sino como etapas de aprendizaje interesantes, agradables y valiosas.

Cada uno viaja al Cielo según su vida

Había estado tratando a David por un tumor cerebral. Su fortaleza, la de su esposa y el amor de toda su familia, junto con la cirugía y la quimioterapia, le ayudaron a mantener unos meses de vida confortable, asistiendo incluso al trabajo hasta pocos meses antes de partir. A pesar de los esfuerzos, el tumor reapareció, de modo que resultó evidente que había que prepararse para la muerte. Uno de sus hijos me llamó para que fuera a colaborar en esa preparación. Al llegar, fue una alegría ver que su familia estaba ya haciendo todo lo que se requería. Con enorme amor le habían dicho que podía irse, recordándole que desde el otro lado se seguirían cuidando y acompañando; le expresaron su gratitud por una hermosa vida en la que, con sus actos, había construido esos lazos de amor que no amarran sino que tejen una maravillosa red. Su música favorita sonaba en la habitación.

Oramos. Del Cielo llega siempre ayuda para ese momento sagrado. Él había mencionado que veía a sus familiares ya fallecidos. Eso mismo me lo han narrado en varias ocasiones, y poco tiempo antes de morir, algunos pacientes que han tenido enfermedades prolongadas. Si bien tenía sedantes para el dolor, comprendía bien lo que le decíamos sobre cómo prepararse para su viaje.

Unos días después me llamó su esposa a contarme que David estaba en coma; probablemente pronto moriría. Llegué esa noche a despedirme de él. Si bien lo veía respirar, él ya no estaba dentro de su cuerpo físico; lo vi luminoso, en su cuerpo de energía, sonriente y consciente, como si flotara, cerca de una de las esquinas superiores de la habitación. Parecía feliz; estaba preparado y esperando tan sólo a que se desataran los hilos —llamados *nadis* por los médicos ayurvédicos— que unen el alma al cuerpo, para emprender su viaje. A su alrededor se encontraba su familia acompañándolo con gran serenidad y afecto. Le propuse a su esposa, una mujer realmente extraordinaria, que hiciéramos un pequeño ejercicio para ayudarle a aflojar esos hilos de modo que cuando llegara el momento, la transición se lograra con la menor molestia. Nos retiramos luego a la sala para conversar acerca de lo que se podía hacer en el instante de la muerte; él nos siguió en su cuerpo de luz y se sentó al lado de su esposa para escuchar nuestra conversación. Irradiaba mucha paz. Su cuerpo físico, sedado por medicamentos, respiraba con dificultad. Su muerte era inminente. Estaban esperando que sus hijos alcanzaran a llegar del extranjero. Le describí a su esposa que lo veía fuera ya de su cuerpo, tranquilo y con una hermosa sonrisa. Todos los familiares que lo acompañaban le irradiaban amor. Tenían claro que dejarían su propio dolor para otro momento, que ese era el momento sagrado de David. Lo único que querían era envolverlo en una atmósfera de amor y gratitud. Lo lograron. Había lágrimas silenciosas, por supuesto; pero más allá de ellas, los envolvía la conciencia de una red de amor que por años todos habían construido.

Éste es uno de los mejores regalos que podemos entregarle a alguien que está muriendo. Hubiera querido que todos los presentes pudieran "ver" a David en su cuerpo de luz. Varios pacientes que han tenido experiencias cercanas a la muerte durante una cirugía me han contado la extraña y a la vez maravillosa vivencia de verse flotando sobre la sala de operaciones, escuchando y viendo cuanto acontece a su alrededor, que queda entonces guardado por siempre en su memoria. Sin excepción, describen la impresión de sentirse envueltos por amor, por mucha paz, y sin ninguna preocupación. Ven el mundo desde una perspectiva que no procede de la lógica, sino de un ámbito más amplio, en un presente donde ni los recuerdos del pasado ni las preocupaciones por el futuro les arrebatan el sosiego. Algo así como la antesala al Cielo. David, justamente, se encontraba en esta maravillosa antesala.

Expliqué a su familia que, según la tradición tibetana, los que mueren escuchan hasta por dos horas a través del oído físico, y por lo tanto durante ese tiempo podrían hablarle con amor para acompañarlo en su marcha hacia el Paraíso, con la certeza de que seguirían comunicándose. También les dije que, aunque estarían naturalmente tristes por su partida, aprenderían a tenerlo cerca de otra manera. Al conversar con él, deberían recordarle con frecuencia que busque la Luz, a Dios y a sus seres queridos ya fallecidos, quienes lo llevarían a esa nueva dimensión de bienestar, al lugar donde es conducido alguien que ha vivido con amor.

Me despedí de su familia mientras veía la radiante y silenciosa figura de David acompañándome hasta el auto. Entendía todo, mejor que cualquiera de nosotros. Subí al coche para regresar a casa orando por él; unos veinte minutos después llamó su esposa para contarme que David había fallecido. En realidad, sólo su cuerpo había muerto; David seguía vivo y continuaba su marcha hacia el Cielo. Oré y mentalmente hice lo que le había sugerido a su familia: decirle que siguiera la Luz, que buscara a Dios. Le agradecí por su vida, por su amistad, y le envié mi cariño y mi admiración.

Así como al nacer el cuerpo físico humano generalmente es recibido por médicos, enfermeras o parteras, en el momento de la muerte —el parto del alma al Cielo— también hay seres de luz que ayudan a darle la bienvenida al nuevo huésped de esta dimensión.

Pero, en realidad, no es nuevo huésped; es el retorno de un viajero a su hogar.

Una muerte como la de David es la ideal. Él vivió una buena vida y tuvo una buena muerte, con la fortuna de contar con una familia inteligente y amorosa que le ayudó a hacer menos difícil un momento trascendental y sagrado, mas no por ello fácil. Sus hijos no alcanzaron a llegar al momento en que su cuerpo cesó de respirar, pero no tengo duda de que los esperó en su cuerpo sutil, llenándolos de amor y consuelo.

No todos podemos morir así. En buena parte de los casos la muerte no avisa y quien fallece puede necesitar un tiempo para comprender lo que le ha ocurrido y emprender el camino hacia otra vida. No obstante, siempre, en las muertes anunciadas o en las súbitas, podemos ayudar y ser ayudados.

Algunos se toman su tiempo

Catalina vino a raíz de la muerte súbita de Hernando, su esposo, ocasionada por un infarto fulminante. Ella no se encontraba en la ciudad y estar lejos del ser querido en este trance hace más triste la noticia y la consecuente separación. Sin embargo, cuando llegó a mi consultorio, estaba en relativa paz y aceptación, pues aún lo sentía cercano. Le pedí una fotografía para ayudarle a él, pues aunque no conozca a la persona, una imagen permite establecer un vínculo mental con ella. Cuando alguien ha fallecido, su mente es particularmente sensible a la nuestra, así que es mucho menos complicado de lo que se cree. Puede sonar extraño, pero la foto, al igual que la huella digital, identifica a la persona entre millones, y es una forma de dirigir hacia ella nuestra mente.

Cuando recibí el retrato solicitado, observé que la persona a quien pertenecía tenía colores oscuros y opacos en su cuerpo de energía, lo cual implicaba que, aunque llevaba un mes de fallecido, aún no había pasado al Cielo. Le pedí a Catalina que le hablara resaltándole que podía hacer su tránsito en paz, que al llegar a la dimensión del Cielo recibiría las aclaraciones necesarias sobre el porqué de su repentina muerte, y sobre cómo desde allí podría seguir en contacto con su esposa.

Unos días después, al mirar nuevamente la fotografía, observé los colores luminosos junto con la visión de Hernando en un sitio muy diferente; ya no en el plano terrenal sino en uno celestial. Le comenté a Catalina que yo creía que él estaba ya en el Cielo. Había continuado su viaje, luego de permanecer unas semanas al lado de su esposa.

En la siguiente consulta me contó que, por conductos diferentes, tanto ella como su hija habían recibido la misma información de dos videntes amigos: ellos y yo coincidimos en avisar a la familia del paso de Hernando al Cielo ¡exactamente el mismo día!

Uso la palabra coincidencia, pero no lo es. Sencillamente ese día hizo el paso y varias personas que estábamos pendientes del tránsito pudimos verlo con claridad. No era coincidencia sino la descripción de un hecho real. Luego de este suceso, en Catalina se intensificó la tristeza, pues ya no lo sentía presente como en las primeras semanas. Y era lógico, pues Hernando ya no se encontraba allí. Estaba de viaje, si se me permite la expresión. Al llegar a su destino, si no era interrumpido por las emociones demasiado intensas de los que lo lloran, y luego de hacer su propio proceso personal de adaptación a ese súbito cambio de vida, en un tiempo prudente podría acompañar con frecuencia a su esposa y a sus hijos.

En ocasiones, las emociones extremas, lejos de retener a alguien, lo alejan. El ser fallecido en alguna medida ha experimentado ya la paz del Cielo y, aunque sabe que está siendo llorado, comprende que al quedarse cerca nada soluciona; más bien se mortifica, impotente al presenciar los estados emocionales de desamparo y tristeza de sus allegados. Catalina se propuso realizar un buen duelo, sin negar la tristeza pero asumiendo con entereza los cambios de su vida y entendiendo que no tenían marcha atrás. Adaptarse a estas transformaciones, sin cerrarse a la posibilidad de volver a sentir bienestar y paz interior, resulta fundamental para elaborar el duelo por la muerte de un ser querido.

No obstante, no todas las personas fallecidas a las que se les anima a continuar su viaje lo hacen inmediatamente. Diana era una mujer joven a quien veía en consulta hacía algunos meses, de personalidad sensible y artística, original y dueña de una mente abierta. Recibí la noticia de que su hermano, pocos años mayor que ella, había muerto. A él le encantaban los deportes, explorar el mundo, era curioso, alegre y emprendedor. Otros de sus parientes, también pacientes míos, me hicieron una muy agradable descripción de él, y cuando les hablé de ayudarle a hacer el tránsito al Cielo, me indicaron que una persona tan especial como él con seguridad ya se encontraba allí, en el mejor de los lugares. Diana llevó a cabo especiales rituales de acompañamiento con diversos cantos y oraciones, y llevó luego sus cenizas al mar.

Semanas después de lo ocurrido, llegó de nuevo a consulta tranquila y en paz; triste, sí, pero aceptando lo ocurrido en la mejor forma posible. Estábamos hablando sobre él cuando se me presentó alguien con una espesa barba que alegre y curioso se paseaba por mi consultorio. Pregunté a Diana si su hermano tenía barba; contestó que efectivamente en sus últimos tiempos se la había dejado crecer.

Le propuse a Diana que hiciéramos una oración con el fin de ayudarlo a pasar a otra dimensión, y que le hablara mentalmente y le aconsejara irse al plano del Cielo; nos tomamos unos minutos de silencio para ello. Nuestro visitante no se inmutó en lo más mínimo. No estaba interesado en irse. Me pareció un Peter Pan con cuerpo de adulto y poblada barba, moviéndose con agilidad de un lado a otro de la camilla y del escritorio. Continuó paseando por todos los rincones del consultorio, contento e irradiando una sensación de libertad. Con ese nuevo cuerpo podía hacer cosas que el físico no le permitía. Entonces, exploraría el mundo y a su debido tiempo pasaría al Cielo. Lo entendí con claridad y por ello no le insistí. Era contagiosa su felicidad, su emoción y su gusto por esa vida y por la posibilidad de ver el mundo desde otra óptica.

Unos meses después, Diana asistió a un retiro budista en Francia en el que se trató específicamente el tema de la muerte y lo que ocurre después de ella. Durante el retiro, luego de una relajación, sintió una gran punzada en el corazón y "vio" que aún tenía un fuerte vínculo con su hermano; entendió allí que debían soltarse mutuamente. Le habló mentalmente, afirmándole que lo quería mucho, que le hacía falta, pero sabía que él necesitaba estar libre. Diana notó cómo el dolor se expandía hacia atrás de su espalda y, de improviso, le asaltaron unas incontenibles ganas de llorar; luego percibió cómo se aflojaba y deshacía el nudo que a los dos los ataba, abriéndose entonces un espacio de paz en su corazón. Para ella fue una experiencia impresionante. Experimentó con claridad cómo existen lazos que atan, diferentes a los vínculos que instaura el amor verdadero y generoso; estos últimos son vínculos que construyen redes de soporte y así auspician relaciones sanas.

Creo que su hermano pronto se enteró de que en esa dimensión intermedia no tendría suministro eterno de energía; que allí carecen de una fuente de vitalidad y que, para obtenerla, deben tomarla de alguien, lo cual no es benéfico para ninguno de los dos. Si la obtienen de un ser querido —quien usualmente lo ignora—, y no es una persona de gran vigor, éste puede sentirse cansado, desvitalizado, con frío, y se enferma con facilidad. Diana tuvo la fortuna de asistir a ese retiro sobre la muerte, guiado por Thich Naht Hahn, un excelente maestro budista que les ayudó a desatar el nudo de apego y a reconstruir el vínculo de cariño y de amor.

Considero útil comprender que es mejor ir al Cielo y desde allí volver a observar el mundo, si es algo que aún se desea luego de haber conocido el Paraíso. No conviene quedarse en los planos intermedios sin llegar pronto al destino final.

Nudos de apego

He aquí una historia que ilustra muy bien lo anterior:

Jorge Carvajal, un excelente médico y maestro, de quien tengo la fortuna de ser alumna, en un taller sobre la muerte nos relató la consulta que le hizo un paciente: se encontraba muy cansado, con la extraña sensación de no ser él mismo y de estar guiado por sentimientos y pensamientos ajenos. Esto lo condujo a tener extrañas conductas que aparecieron desde la muerte de su padre, varios años atrás. El hombre tuvo a su progenitor como modelo y soporte, lo que devino en una mutua dependencia.

Un día, estando juntos, el padre sufrió un infarto masivo, que ocasionó lo que su hijo relató como una muerte trágica, en la que alcanzó a suplicarle "¡Hijo, no me dejes ir!"; una súplica a la que respondió con un desgarrador "¡No te mueras, padre, no te vayas, no me dejes solo!" Y, en efecto, sucedió que no lo dejó solo. Jorge observó a un ser sutil unido al pecho del joven, tomando de él la energía vital. Mentalmente le explicó al difunto que no debía utilizar la energía del hijo, pues "pegado" a él no podía ayudarlo ni protegerlo, sino que, por el contrario, era un "peso" que le dificultaba aún más su situación. Le señaló que la mejor forma de ayudarlo sería asumir la opción de decidirse a llegar hasta la Luz, donde recibiría la asistencia necesaria para, desde ese nivel, ser útil al hijo que debía quedarse aún en el mundo terrenal.

El padre finalmente comprendió que esa manera de estar con su hijo resultaba perjudicial, y con la ayuda de Jorge puedo realizar su tránsito al Cielo. El paciente mejoró rápidamente, recuperó su vitalidad normal y desaparecieron los extraños cambios de carácter y los comportamientos que no reconocía como propios.

9

PERDONAR PARA QUE SIGAN SU CAMINO EN PAZ

Además de perdonar, que es tal vez
la más difícil de las tareas, es necesario orar por
la persona que falleció y cuyos actos se alejaron del
buen obrar y del amor

He visto seres humanos –por fortuna pocos– que murieron en estado de oscuridad, por así decirlo, y esto les impidió seguir su camino hacia la Luz. Para poder marcharse en paz, requieren que la luz del amor o la compasión de quien ore por ellos disuelvan la oscuridad de su encierro, así como sugerencias –o instrucciones– para salir del mismo. Deben saber que si buscan la Luz y si piden ayuda, recibirán luz y ayuda. Tener la certeza de que cualquier cosa que hubieran hecho, por mala que haya sido, puede ser perdonada al comprometerse a abandonar su tendencia hacia el mal y procurar ahora dirigirse hacia el bien. Si no lo lograron hacer en la Tierra, aún es posible realizarlo en el Cielo. Si quien fallece tiene la humildad de pedir apoyo a las fuerzas de la Luz, será asistido y guiado precisamente al lugar donde pueda reconfigurar su cuerpo de energía, ver desde una perspectiva más positiva su ciclo de vida, aceptar sus errores, pedir perdón, reconstruirse y sanar. De esta manera, iniciará el camino para lograr a su vez perdonar y perdonarse.

Los familiares o amigos de alguien que muere en estas condiciones, cualquiera que haya sido la conducta errada del difunto, tienen una gran tarea por delante. Tal vez lo más complejo es lograr el perdón. Comprendo que no es fácil para un cónyuge o un hijo perdonar a un esposo o a un padre maltratador, quien tal vez, al morir, deja situaciones legales difíciles, causantes de que familia y amigos deban acudir para ayudar a desenredar los problemas de quien falleció. En pequeñas o grandes proporciones, esto ocurre todos los días.

No creo viable pedir que se perdone de inmediato a quien hizo daño, aunque sea cercano por familia, amistad o trabajo. Ojalá que al menos se logre desatar el nudo del resentimiento, con todo lo que ello acarrea. Los lazos energéticos son implacables; se transforman en canales por los que circula lo que hay en los dos extremos. Atan a los que se odian, en cuanto se piensan con inusitada frecuencia. Si hay resentimiento, el que sigue vivo en este plano continúa con ese rencor, que incluso tal vez se acentúe, pues se pierde toda posibilidad de reparación por parte del que ya se fue. Esto amarga y arruina quitando la capacidad de llevar una vida interior de calidad. Ante esta situación, lo único sensato radica en cortar ese lazo, aunque realizarlo requiera tiempo.

Para llevar a cabo este propósito resulta útil entender que a todos nos ocurren injusticias y que si queremos tener algo de paz, realmente contamos con la posibilidad de no mantener vivo el pasado. Esto sólo se consigue cuando perdonamos y dejamos de recordar lo ocurrido con sufrimiento o autocompasión, y, sin negar que los hechos sucedieron, entendemos que estos se ubican justamente en el pasado, es decir, en un sitio que almacena memorias, cosas que ocurrieron pero ya no existen. Lo que nos marca la vida es nuestra respuesta en el ahora ante esas memorias, cualesquiera que ellas sean.

Ahora bien, las secuelas físicas, emocionales y mentales de las injusticias o de las agresiones son innegables. Por lo general, no podemos cambiar aquellas físicas, pero sí atenuar las emocionales y las mentales; esto contribuirá a manejar mejor las primeras. Somos producto de nuestro pasado; es una realidad. Pero madurar implica no ser autómatas y ejercer el derecho a elegir de cuáles recuerdos alimentar nuestro presente. Esto alivia, sana, aligera la vida. Perdonar no es sencillo, ni fácil, ni es algo que se logre sin esfuerzo. Hay hechos del pasado que debemos depositar en el archivo de los recuerdos dolorosos, sin otorgarles el poder de gobernarnos mediante el sufrimiento. Esa posibilidad de elegir liberarnos del dolor no depende del que nos hizo daño. Rara vez ocurre que aquel que nos lastimó nos pida perdón, en especial si ya murió; depende sólo de cada uno superar el evento doloroso. Si nos piden perdón, maravilloso, pero no lo subrayemos como requisito indispensable para alcanzar nuestra sanación.

Si alguien que murió cometió una injusticia con nosotros, por desgracia podemos quedar atados a él o a ella en razón de la rabia o la amargura frente a lo que nos ocurrió. Seremos indefectiblemente su víctima y eso puede minar nuestra posibilidad de forjar una mejor calidad de vida. Perdonar no es validar lo que esa persona hizo, ni olvidarlo. Perdonar es dejar de recordar el hecho con sufrimiento; es comprender que en la Tierra estamos en un ciclo pasajero de vida, cuya meta real radica en crecer espiritualmente; nuestro cuerpo físico es efímero y aunque haya sido lesionado, al morir el cuerpo de energía se reparará. Entonces, nuestra mente verá las cosas desde una perspectiva tal que nos permitirá comprender que esa injusticia era la circunstancia por la cual nuestra alma había aceptado pasar. La persona que fue injusta o cruel con nosotros tendrá que enfrentar las consecuencias de sus actos en la otra vida; ese es su problema. El nuestro, si hemos sido víctimas de una agresión, se sitúa en lograr fortalecer el espíritu y desarrollar los talentos que tenemos a nuestra disposición para enfrentar la adversidad. Esto nos permitirá concentrarnos en superar la situación y así desanudarnos de la victimización.

Si retomamos la metáfora de la escuela Tierra, pasar por injusticias, decepciones, pérdidas y fracasos es uno de los cursos más importantes, por el cual todos los alumnos hemos de pasar, cuya pedagogía es personalizada y los exámenes a aprobar han sido previamente acordados por nuestra alma. Nos permite forjar el carácter y hacer conciencia real de nuestros talentos y acceder al nivel más alto de espiritualidad: practicar el perdón y la compasión. Recordar esto nos ayuda a superar la idea de ser víctimas y reemplazarla por la de ser aprendices de la ecuanimidad. Ésta sólo se obtiene cuando se pasa, según una enseñanza oriental, a través de la prosperidad y la adversidad, el triunfo y el fracaso, el halago y la calumnia, la salud y la enfermedad, con paz y ecuanimidad. Periódicamente, la vida nos lleva a experimentar ambas caras de las circunstancias: son oportunidades para practicar la ecuanimidad. Que recibamos la calumnia con la misma calma que debemos aceptar el halago es toda una tarea para el carácter, ¿verdad?

Las vicisitudes, al desgarrar nuestro ser, pueden ayudar, como las semillas que se rompen al entrar en lo oscuro de la tierra y logran luego germinar y florecer hasta tornarse en magníficos árboles que crecen frondosos. Sin embargo, no toda semilla que se siembra florece. Una adversidad puede romper a muchos de tal forma que crean imposible sanar. Por fortuna, la historia está llena de seres humanos, de todas las condiciones, que decidieron no sólo sobrevivir al infortunio y a las injusticias, sino vivir de la mejor manera posible, y lo lograron. De ellos podemos aprender, al observar las herramientas que usaron para superar el impacto que les tocó vivir. Perdonar es una de las principales.

Poner el pasado en el pasado es algo ineludible si se quiere realmente vivir el presente con algún grado de paz. Si no se hace, el resentimiento ensombrecerá nuestra vida en todo momento y lugar. Cortar los lazos destructivos, en especial con aquellos que nos hicieron daño y fallecieron, ayuda para que ellos y nosotros logremos sosiego. Dejar que la justicia divina obre es aceptar que Dios –o si lo queremos llamar la Inteligencia Universal– se haga cargo de aquellos que en vida se inclinaron a obrar de manera destructiva. No conviene que ningún ser humano después de fallecido permanezca en la oscuridad por tiempo indefinido. Mientras más seres humanos lleguen a la Luz, más energía de Luz llegará a la humanidad. Cada ser, luego de la revisión de su vida, será trasladado al lugar que le corresponde en el mundo espiritual y así continuará con su proceso evolutivo. Para aquellos que no comprendieron la necesidad de servir y en su lugar lesionaron a otros, les incumbe la labor de reformarse a sí mismos. Es el primer paso luego de salir del encierro de sus emociones destructivas, esto es, de escapar de su real infierno. A ellos se les puede ayudar a lograr esa paz que requieren.

Además de perdonar, que es tal vez la más difícil de las tareas, se puede orar por esas personas fallecidas, cuyos actos se alejaron del buen obrar y del amor. Como no sabemos qué ocurría en su cabeza, en su corazón y en su pasado, oremos por ellos con compasión. Pidamos a Dios que los guíe para llegar al nivel de los planos espirituales donde puedan iniciar su proceso de purificación y de sanación. Si es un familiar o amigo el que muere en esa condición, mentalmente aconsejémoslo para que pida ayuda divina y se dé cuenta de que, por motivos que nosotros desconocemos, se apartó del bien, pero que aún puede recibir apoyo y rectificar su camino.

Desmitificar a los fantasmas no es negar su existencia

Son seres que necesitan mucho amor,
aquello que no tuvieron en su vida física.
Requieren nuestra ayuda para descansar en paz.

Como hemos mencionado, hay un grupo de personas que al fallecer permanecen un tiempo en los estados intermedios. No están en el Cielo y tampoco tienen cuerpo físico. Están en su cuerpo de energía y no son visibles normalmente para los humanos. Esto puede ocurrir cuando la persona que fallece no desarrolló en vida vínculos de amor, amistad o servicio, ni tampoco una relación con Dios. También, cuando consolidaron en vida lazos de apego, codicia, poder o tal vez culpa. Esos vínculos los atan a lo material, a sus posesiones físicas, o los alejan de Dios. No buscan la Luz y pueden quedar ligados a esas fuerzas creadas por ellos mismos, hasta que reciban apoyo o tengan una chispa de conciencia que les permita desatarse. A veces los he visto, como los han visto muchos videntes: son los fantasmas que vagan silenciosos, sin pasar al Cielo, como si estuvieran perdidos. Pueden ser algo ruidosos o traviesos. No hay que tenerles miedo. Requieren ayuda para ser guiados en su viaje a la Luz; por eso muchas tradiciones religiosas y culturas ancestrales tienen ritos para esas almas solitarias, muchas de las cuales no pueden ser olvidadas porque nunca fueron recordadas. No hacen daño, son inofensivos. Necesitan mucho amor, aquello que no tuvieron en su vida física. Precisan de nuestra ayuda para descansar en paz.

Hay muchas historias tejidas alrededor de los fantasmas. Son tan sólo humanos como nosotros que no encontraron o no buscaron luego de la muerte el camino a la Luz, y quedaron atrapados en la dimensión material, sin contar con un cuerpo físico. Como el tiempo en esa condición no es importante, en ocasiones se demoran para decidir continuar el viaje. La culpa, el absurdo temor a Dios, los apegos o creer que es posible acabar una tarea en esas circunstancias pueden hacer que alguien quede atrapado por un tiempo en esta dimensión. No tienen cuerpo físico pero sí un cuerpo de energía que ellos, recién mueren, confunden con su cuerpo físico y por ello pueden demorarse un tiempo en aceptar que están muertos. No entienden fácilmente que no pueden ser vistos por el mundo mientras que ellos sí pueden verlo. Con grandes esfuerzos, logran comunicarse parcialmente con el plano material y ocasionan famosos fenómenos como ruidos o movimiento de objetos. Nada realmente que temer, aunque evidentemente son eventos llamativos. Con ellos quieren atraer nuestra atención, tal vez para pedir ayuda, un consejo o una oración; otras veces, pretenden hacer respetar lo que ellos consideran su espacio y saben que con esos movimientos pueden asustar y ahuyentar a quien se acerque.

Comprendo que muchas personas piensen que creer en fantasmas sea como volver a creer en las narraciones de los cuentos infantiles. No obstante, al revisarlos, nos damos cuenta de que la mayoría de ellos son metáforas de realidades profundas. Desmitificar a los fantasmas no es negar su existencia. Es entender que se trata de almas detenidas en estados intermedios de un proceso evolutivo universal, que requieren apoyo para poder marcharse en paz. También debemos aceptar que mucha gente con imaginación desbordada elabora fantasmas donde sólo hay una corriente de viento que entra por la ventana, o casos similares. Aquello que no conocemos o no comprendemos permite que seamos atrapados por el miedo, y este es un maravilloso creador de guiones cinematográficos terroríficos en nuestras mentes.

No voy a negar la posibilidad de que la mayoría de las veces los cuentos sobre fantasmas sean sólo eso: ficción. Sin embargo, también estoy segura de que muchos de estos relatos son historias verídicas. Están en el acervo de las grandes culturas y han pasado de generación en generación por la gran fuerza de verdad que sostiene esos hechos misteriosos.

Esta es una historia que mi maestro de medicina, Jorge Carvajal, narra algunas veces al comentar el tema. Los eventos parapsicológicos le atraen, y él posee facultades especiales en este campo. En alguno de sus cursos, una estudiante le pidió ayuda, comentándole que la familia necesitaba vender una antigua y hermosa mansión ubicada cerca de la mezquita de Córdoba. Por desgracia, cada vez que un comprador iba a conocerla, o llegaba alguien para hacer algún arreglo, se escuchaban ruidos por toda la casa y los visitantes salían despavoridos. Jorge, compadecido y a la vez intrigado por la situación, accedió a ir al lugar en busca de alguna explicación a lo que allí acontecía.

Al llegar a la casa, tuvo una sensación de temor que nunca había sentido, su piel se erizó y experimentó ese pequeño agujero en el plexo solar que en ocasiones se siente cuando tenemos miedo. A pesar de esto, subió solo por la amplia escalera y, en el descansillo de la misma, fue tanta su sensación de pánico que decidió sentarse en el borde de la ventana que iluminaba el espacio para detenerse y tranquilizarse un poco. Al levantar la mirada vio a un viejo y antiguo monje desdentado, con un manojo de llaves colgando al cinto. Jorge dice que lo pudo observar con todo el detalle. Al pensar que este monje podía llevar varios siglos en esa casa, cuidándola por alguna desconocida razón y sin poder ascender al Cielo, se llenó de compasión y utilizó allí una de las técnicas que enseñan las tradiciones tibetanas para ayudarles a los muertos a seguir su camino hacia otra dimensión.

El religioso desapareció, llevándose con él la sensación de temor que inundaba a Jorge. Bajó al primer piso donde se encontraba su estudiante y le dijo que ya había hecho todo lo necesario y que confiaba en que la casa se vendería. Unos meses después, cuando regresó a dictar un nuevo curso en otra ciudad española, la estudiante en cuestión fue a expresarle su agradecimiento porque, luego de que Jorge visitara la casa, no se volvieron a presentar fenómenos paranormales, recibieron excelentes ofertas y se vendió en pocas semanas, a pesar de llevar varios años sin que esto fuera posible.

Con este antecedente, le pedí a Jorge ayuda para visitar un apartamento al que me habían invitado y en donde muchas personas sentían una extraña presencia que los ahuyentaba. Era un excelente inmueble en venta pero, a pesar de muchas ofertas para comprarlo, no se lograba la transacción. Al entrar en él buscando un posible fantasma, ambos coincidimos en un lugar concreto dentro de la biblioteca. Nos dijeron que, exactamente en el sitio que señalamos, un famoso vidente había encontrado evidencias de algo anómalo. Esta vez fui yo quien experimentó la extraña sensación de temor. Percibí algo que pensé que sólo ocurría en las películas: algo pegajoso y frío que ascendía por mis piernas. Le comenté a mi maestro lo que estaba sintiendo y, en un susurro, para que los dueños del apartamento no entraran en el pánico en el que yo estaba al borde de entrar, le pedí ayuda urgente. Ambos teníamos la sensación de que alguien estaba sufriendo, como suele ocurrirle a los fantasmas. Hicimos una oración amorosa y compasiva, explicándole con claridad y firmeza a ese ser que debía seguir su camino a la Luz. Mi sensación desapareció, lo cual se tradujo en un enorme alivio y paz. Fue así de sencillo: una oración sincera lo liberó. Jorge le dijo a la familia que antes de un mes el apartamento sería comprado. ¡Le jalé las orejas por atrevido! Sin embargo, antes de un mes el inmueble fue vendido y nunca más sintieron la extraña presencia.

Esos seres usualmente no hacen daño, sólo están asustados, como le sucede a cualquier humano o animal cuando no comprende qué le ocurre o se siente amenazado. Podemos ayudarles a hacer conciencia de su estado y de la posibilidad que tienen de no quedarse atrapados en el sitio o plano en que se encuentran, donde no pueden obtener paz, con una oración amorosa, una actitud respetuosa y un diálogo mental explicándoles con firmeza que están muertos, algo que muchos no han asimilado, y que deben continuar su viaje hacia la luz. Es conveniente aclararles que lo que sienten como su cuerpo físico es su cuerpo de energía, el cual es invisible para la mayoría de los humanos, y que es necesario que continúen su camino hacia la Luz. Tratarlos realmente con genuino amor y compasión, para que comprendan que si piden la Luz para sí mismos, esta acudirá llevándolos al sitio en el Cielo donde podrán reparar su mente, probablemente herida de gravedad, al recibir amor, respeto y aceptación por parte de quienes los acompañen en esa dimensión, sentimientos que muchos no recibieron o dieron en esta vida.

Perrito fantasma

En una ocasión vi a una mascota fantasma. La dueña había sido atacada por su perro, por causas que nunca fueron claras. Si bien luego de agredirla este mostró señales de vergüenza por lo que había hecho y le lamía la cara como forma de arrepentimiento, la familia, aunque lo amaba profundamente, le practicó la eutanasia ante el temor de que atacara nuevamente a alguien.

Años después, ella asistió a consulta y allí el perro fantasma se veía a su alrededor, triste y compungido. Impulsado por su instinto, muy difícil de controlar para un animal, había cometido un error tan grave con su ama que lo pagó con su vida. Pero eso no era suficiente; el amor hacia su dueña y la traición involuntaria hacia ella le impedían proseguir su camino. Al verlo y enterarme de lo ocurrido, le sugerí a mi paciente que lo perdonara, que le dijera que podía desprenderse de ella y que lo amaba. El perro despareció, y yo supuse que ya todo estaba solucionado.

Sin embargo, pocos días después, mi hija Cristina, amante de los animales y quien dormía con su mascota, un hermoso perro Akita, en la habitación que queda justo encima de mi consultorio —tengo la fortuna de trabajar en mi casa—, me comentó que Tensai no había vuelto a entrar a su cuarto a dormir y que, cuando lo hacía durante el día, tenía comportamientos extraños, como si viera algo anómalo que le impidiera pasar. Prontamente capté lo que ocurrió: el perrito fantasma se había desprendido y, al sentirse realmente perdido, buscó refugio en el sitio más cercano, que era la habitación de Cristina. Los animales sienten las vibraciones de quien los quiere, así que ese lugar seguro le pareció un albergue maravilloso.

Al subir allí, lo encontré en un rincón, como tratando de evitar ser visto, rodeado por un halo de energía gris. Lo llenamos de amor y, puesto que ellos reciben de la misma forma en que los seres humanos fallecidos escuchan y ven nuestros mensajes —no sólo con palabras sino también con imágenes—, le indicamos que fuera a la Luz, pues allí sería cuidado y consolado; le dijimos también que era un excelente perro y su dueña sabía que él la quería. Era necesario activar su instinto para morir, en el sentido de encontrar el camino para salir de esa dimensión intermedia y llegar a la que llamamos el Cielo. Los colores grises de su cuerpo energético se fueron aclarando hasta que despareció, ya luminoso, hacia esa nueva dimensión. Ahora podía marcharse en paz y, si me permiten la expresión, batiendo su cola. Tensai no volvió a presentar extrañas actitudes al entrar a esa habitación y regresó, todas las noches, a cuidar el sueño de su ama y amiga.

Crisálidas oscuras

En la siguiente historia, quisiera ilustrar otro de los estados intermedios en los que, por corto tiempo, pueden quedar atrapados los seres que mueren:

Manuel entró a mi consultorio para su control médico rutinario. Al acostarse en la camilla observé una forma sutil adherida a su pecho. Era como una nube de humo gris negruzco de unos veinte centímetros de diámetro; podría describirla como una crisálida de mariposa de color oscuro y de gran tamaño, cuya trama de hilos era tan densa que impedía ver el centro. Las he visto en varias ocasiones: son seres humanos que salieron de su cuerpo físico pero aún no logran desprenderse del plano terrenal; adoptan entonces esta forma, contraídos, adhiriéndose a alguien que los cuide y proteja. No hacen daño; es como si su cuerpo energético se encogiera y encapsulara para salvaguardarse. El color negro no tiene ninguna connotación negativa; estas crisálidas oscuras son uno de los estadios que algunas personas recorren al morir, antes de llegar a la Luz, especialmente cuando, desde sus creencias, no estaban preparadas para ese viaje. Todos haríamos bien en tener conocimiento y claridad sobre este viaje; de este modo, el recorrido hacia el Cielo se daría en un ambiente de alegría, paz y bienestar, como es lo ideal.

Le pregunté a Manuel si había estado en un entierro o si alguien cercano había muerto recientemente; él respondió que no. Insistí en mis preguntas puesto que percibía esa crisálida adherida a su pecho, y ese fenómeno sólo ocurre cuando hemos estado en contacto con alguien que falleció. Nuevamente lo negó. Extrañada ante sus respuestas negativas, cambié de tema y continué la consulta. Unos quince minutos después, él se golpeó la cabeza con la palma de la mano y exclamó: "¡Claro que se me murió alguien! ¡No entiendo cómo se me pudo olvidar!". A continuación, me contó que tres semanas antes, mientras estaba en su finca, lo llamaron para avisarle que su mayordomo, con quien trabajaba hacía casi veinte años, se había puesto súbitamente muy enfermo. De inmediato, me dijo, subió al automóvil, condujo hasta la casa del mayordomo, lo recogió y se dirigió al hospital más cercano. En el trayecto falleció y a Manuel le correspondió realizar todo lo que esto supone: llegar al hospital, certificar su defunción, organizar el entierro y consolar a la familia.

Manuel estaba consternado por haberme negado enfáticamente que hubiera tenido una muerte cercana. Si bien no era un familiar, habían compartido muchos años de trabajo y los unía un vínculo de cariño y de respeto mutuo; era obvio que no debía olvidar un evento tan significativo, pero la psique humana es misteriosa y con frecuencia interpone velos de amnesia luego de un evento traumático.

Esto aclaró quién estaba dentro de esa crisálida. El mayordomo, al salir de su cuerpo físico —con el temor a la muerte que tienen tantas personas—, se adhirió a quien había representado durante su vida una fuente de seguridad, su patrón, y allí se refugió. De la misma forma que Manuel negaba inconscientemente la muerte de su empleado, éste negaba su propia muerte y se resguardaba en él con igual grado de inconsciencia. Lo que nos atemoriza puede crear en nosotros un mecanismo de negación tan poderoso que se manifiesta incluso en un proceso trascendental como morir. Estas crisálidas han sido observadas y descritas por muchos videntes; es un fenómeno sobre el cual he hablado con algunos de mis amigos médicos que tienen facultades parapsicológicas, quienes me confirman que las han visto en circunstancias similares. Se puede ayudar al ser que las habita para que la abandone y siga su proceso; si no se hace, ellos mismos, como las mariposas, con el simple hecho de que pase un tiempo, romperán su capullo y se dirigirán hacia la Luz. Así como Manuel, pasado un tiempo, recordó el hecho de la muerte de su empleado, el mayordomo comprendería que debía proseguir su viaje a otra dimensión.

Sin embargo, se puede acelerar este proceso. Le expliqué a Manuel que le podía hablar a su empleado para ayudarle a salir de ese estado, contándole que llegar a la Luz de Dios es la más bella experiencia que podría tener, que invocara esa Luz divina, o a Jesús o a la Virgen María, y sería conducido a un lugar de paz y amor, el Cielo, mucho más amable y cómodo que el que estaba ocupando. Mientras él le hablaba, yo oraba. La oración es amor, es invocar la presencia de Dios. Esta fuerza divina permite que el ser dentro de la crisálida tome *conciencia*, la cual le ayuda a hacer una mejor elección. Pronto vi cómo la nube gris se disolvía y una luz se elevó del pecho de Manuel para luego desaparecer. Él se sintió liberado de un peso en el cuerpo, del cual no era consciente, pero se hizo evidente al desaparecer la crisálida.

Esta historia, al igual que muchas semejantes, nos recuerdan la importancia de orar y de recomendarle al que fallece que haga su tránsito hacia la Luz, cualquiera que haya sido su manera de vivir. Ellos escuchan, y mientras más confundidos estén en los estados intermedios, más valiosa resulta nuestra oración y orientación.

10

Comunicación entre el Cielo y la Tierra

Además de orar para que la Luz de Dios la ilumine
y la ayude a continuar su paso al Cielo, se puede,
por decirlo en palabras sencillas, hablar con
la persona fallecida

Shaktiananda

Las llamadas "almas en pena" no le ayudan a nadie. Son aquellas
que se quedan en los estados intermedios. Ayudarlas es la tarea
de algunas personas con talentos particulares.

Erika es una de esas personas. Siendo muy joven perdió a
su madre en un accidente, ocurrido cuando el auto que Erika
conducía fue arrollado por otro guiado por alguien que, por estar
discutiendo con su esposa, perdió el control. Los tres ocupantes de
ese auto también fallecieron. El duelo fue muy difícil de elaborar y
Erika entró en una depresión grave. Por fortuna del Cielo le llegó
la ayuda, y a través de una serie de circunstancias que no son del
caso relatar, y tal vez por pensar tanto en su madre, desarrolló
sin que se lo hubiera propuesto la habilidad de comunicarse con

enorme claridad con los seres fallecidos. La primera persona con quien se contactó fue su madre, lo cual le produjo un gran alivio. La siguiente persona fue nada menos que el conductor del auto que colisionó con el de ella. Venía a pedirle perdón. Para Erika no era fácil perdonar al hombre que había acabado con la vida de su madre. Él, además de pedir perdón, le contó su tragedia: él mismo no se podía perdonar, ya que no sólo había causado la muerte de la madre de Erika sino la de su propia esposa e hijo. La comprensión de esta tragedia, junto con la necesidad de este hombre de ser perdonado, conmovió a Erika, quien, gracias a Dios, tuvo la certeza de que su madre seguía acompañándola desde otro nivel. Esto le permitió recuperar el sentido de vida y el gusto por la misma.

Desde entonces, Erika ha ayudado a decenas de personas que luego de fallecidas no han logrado pasar al Cielo por diversos motivos: culpa, rabia, apego a algo o alguien que no quieren soltar, a pesar de saberse sin cuerpo físico, o el deseo de cuidar posesiones físicas aunque ya no sean de ninguna utilidad.

Ella ha permitido reconstruir los vínculos entre el que fallece y el que se queda. Transmite mensajes de los seres queridos fallecidos, en los que les aseguran a sus dolientes que están bien en su nuevo estado, con una excelente calidad de vida. La intermediación de Erika permite aclarar algunos asuntos que son importantes para el funcionamiento de la familia mediante esas comunicaciones, en especial cuando la muerte ocurre de repente. Erika es además una maestra espiritual, cuyo nombre en esa tarea es Shaktiananda. Su labor facilita a sus alumnos tener una guía y comprensión más clara para transitar el camino espiritual, construyendo lazos de amor. Este bello servicio que Erika realiza surgió de una adversidad: la muerte accidental de su madre.

Se permitió florecer desde su herida, que sanó al abrir su corazón a la compasión y al perdón. Estos elementos le han permitido que muchas otras personas hagan también el proceso de encuentro con su alma, con el Cielo, con los seres queridos que han partido.

He asistido a talleres de Erika y es asombroso presenciar cómo se comunica con ellos; las historias que narra, sin conocer ningún detalle por parte de la persona que consulta por su ser querido, son fiel reflejo de lo que ha ocurrido. Los mensajes que trae de ese plano aclaran muchas dudas a la familia o amigos. Usualmente las personas que han fallecido le dan a Erika una información clara y contundente sobre su identidad, además de detalles de su vida en el Cielo y la forma como desde allá siguen atentos a la familia.

Erika recalca que podemos ayudar a los que han fallecido hablándoles mentalmente e incluso en voz alta para animarlos a buscar la Luz, a Dios, la ayuda de los seres de luz, a perdonarse y a perdonar. Estas sugerencias dependerán naturalmente de la vida de la persona y de la cercanía que tengamos con ella. Si alguien ha tenido una vida impecable, con fuertes creencias espirituales, probablemente no tendrá sentido hablarle sobre la necesidad de perdonar o perdonarse, o buscar a Dios. Es hacer un ruido innecesario. En ese caso, lo amoroso es agradecer su vida, sus enseñanzas, llenarlo de genuino amor y recordarle que lo amamos, que en su nueva vida tenemos la certeza de seguir unidos por lazos de amor.

Cuando se tienen dudas acerca de si alguien cercano –un familiar o un amigo– por su vida personal pueda estar en un plano intermedio, sin llegar al Cielo, cualquier momento de recogimiento y oración es oportuno para animarlo a continuar su camino. Las oraciones por las llamadas ánimas del purgatorio tienen esa intención. En estos casos, además de orar para que la Luz de Dios lo ilumine y lo ayude a continuar su paso al Cielo, se puede, por decirlo en palabras sencillas, hablar con la persona fallecida. No se necesita ser un gran vidente ni nada similar. De hecho, practicantes de tradiciones antiguas de diferentes culturas (budista, católica o hindú, entre otras) lo hacen. Para ello basta con traer a la mente la imagen de la persona, decirle que se espera que haya hecho su paso al Cielo, que es un lugar de luz, pero que si por cualquier motivo no se siente rodeado de luz y paz, es que se ha quedado en un lugar intermedio. Que cualquiera que sea el motivo por el que está en ese plano intermedio, pida la ayuda de Dios, o si se piensa que no cree en Dios, que busque la Luz, que con su mente pida la Luz y que la Luz llegará para mostrarle cómo salir de su estado.

Se le debe explicar que cualquier error que haya cometido o que otra persona haya cometido en su contra no lo debe atar al sufrimiento. Que vivir en la culpa, la rabia, o pendiente del futuro de los que ama, o esperando la venganza para aquellos que lo lesionaron, no hace nada distinto que alejarlo de la posibilidad de tener paz. Hay que decirle que no vale la pena que se quede observando qué ocurre acá en la Tierra, ya sean discusiones familiares por su muerte, o la suerte de alguien a quien protegía. Se debe animarlo a que busque pasar al Cielo; de la misma forma que él puede comprender el mensaje mental que se le da, puede mentalmente pedir esa ayuda. Se puede sugerir que abra su conciencia a la posibilidad de que, cualquiera sea el asunto tan doloroso que le hubiera ocurrido o estuviera sucediendo en la Tierra, quedarse atado a esos eventos lo encierra y atrapa, mientras que solicitar ayuda le abre la puerta a otra dimensión, la del mundo espiritual, de cuya existencia han dado testimonio innumerables seres humanos de muchas culturas. De ese mundo espiritual llegará ayuda si la pide; con esa ayuda llegará comprensión sobre su vida y muerte. Tendrá paz. Logrará perdonar y pedir perdón, si lo necesita.

Es útil decirle que se permita ser sorprendido por el Cielo; que no son nubes para quedarse aburrido tocando arpa sentado en una de ellas ni encontrará un juez castigador que le echará en cara todos sus errores. Al buscar la Luz, se le abrirán enormes posibilidades de aprendizaje y evolución, y es de su elección el momento en que eso ocurra. La justicia espiritual hará su oficio al guiar a cada uno al plano de luz donde debe equilibrar lo que hizo en vida. Algunos tendrán más cuentas en rojo en la tarea de amar y servir; otros llegarán con una buena cosecha de actos generosos de bondad y valentía. Jesús dijo: "En la casa de mi Padre hay muchas moradas". El lugar al que nos corresponde llegar lo elegimos con nuestros actos. A todos los que llamen a la puerta se les abrirá; no habrá nadie que quiera genuinamente enmendar sus faltas a quien se lo excluya de entrar al mundo espiritual de la Luz.

Algo que podemos hacer todos, si lo deseamos, en caso de que nos comuniquen la noticia de que alguien murió, o de ver un accidente donde alguien fallezca, es hacer con un sentimiento genuino de amor y compasión unos segundos de oración por el alma que está emprendiendo su viaje y decirle que busque la Luz y la paz. Lo mismo si pasamos por un cementerio: podemos orar por cualquiera de aquellos seres que aún no se desprenden y requieren de ayuda para tomar la dirección correcta.

Shaktiananda menciona en sus talleres los motivos principales por los que alguien que ya llegó a ese mundo de Luz –lo que llamamos el Cielo– regresa en su cuerpo espiritual a la Tierra. El primer motivo es para guiar o hacer servicio. A esta tarea acceden los que ya en la Tierra hacían labores similares de buscar soluciones a problemas sociales, y aconsejar y servir con rectitud al grupo al que pertenecieron. Son aquellos que pusieron sus talentos al servicio de su comunidad. Los llamados santos, ya sean conocidos o anónimos, entran en este grupo, al igual que personas bondadosas, inteligentes y activas que fueron de alguna manera líderes positivos, bien sea que tuvieran una influencia grande o pequeña durante su vida terrenal. Todos pueden continuar sirviendo desde el Cielo. Un grupo de ellos tiene precisamente como función ayudar a realizar el tránsito hacia el mundo espiritual de los que fallecen.

La ayuda de estos seres invisibles pasa prácticamente desapercibida, aunque es de gran valor para la humanidad. Ellos inspiran ideas novedosas y soluciones a problemas mundiales en determinadas áreas de las ciencias, y personas con mentes sensibles e intuitivas, que estén en el trabajo de ayudar a la humanidad, captan estas ideas, las cuales suponen propias pero en realidad les fueron facilitadas desde niveles espirituales. Esto no le quita mérito al "receptor" terrestre, ya que sólo una mente entrenada, estudiosa y dedicada puede ser sensible a esas inspiraciones. A nivel familiar acompañan, protegen y también inspiran a sus parientes. Muchas veces la sensación inexplicable de sentirse acompañado en una situación difícil, o tener el impulso de hacer algo sin ninguna razón especial para luego darnos cuenta de que esto logró evitar un peligro, son ejemplos de lo que nuestros visitantes invisibles hacen en pro del bienestar familiar. Ellos no están permanentemente en la Tierra, vienen sólo por cortos periodos de tiempo, mientras realizan un propósito específico.

Otras personas vienen no necesariamente porque hayan hecho muchos méritos de servicio a la comunidad en su vida, sino por una tarea concreta, como alguien que desea acompañar a su pareja o hijos pequeños o con dificultades, o un hijo que ha muerto joven y busca consolar a sus padres y hermanos. Luego de que han terminado esa tarea, no tienen que regresar, excepto como pueden hacerlo la mayoría de los seres queridos que vienen en momentos especiales de celebración o en dificultades. ¡Lo mismo que ocurre en casi todas las familias en la Tierra!

Me permito insistir en que en el Cielo ellos reciben nuestros mensajes de cariño, que pueden ser tan frecuentes como queramos. Para ello no necesitan venir a este plano terrenal en su cuerpo sutil.

Profesionales

> Tienen habilidades de clariaudiencia y clarividencia,
> ya que han recibido entrenamiento para
> utilizar esos talentos como profesión.

Emilia había perdido a su marido por un infarto fulminante, cuando ambos eran relativamente jóvenes. Con tres hijos y la tarea de sacar adelante el trabajo que su esposo llevaba a cabo con mucho éxito, Emilia asistió a mi consulta para que le ayudara a tener la fuerza para enfrentar ese reto. Como en la mayoría de los duelos, anhelaba saber cómo y dónde estaba Julián, si había sufrido al morir, si la acompañaba desde donde estuviera.

Una amiga suya que también había quedado viuda recientemente le aconsejó que, si viajaba a Londres, podía pedir una consulta con uno de los que se llaman a sí mismos "espiritualistas", pertenecientes a un antiguo y reconocido grupo de comunicadores entre seres fallecidos y sus familiares y amigos. Son personas entrenadas, cuya profesión es realizar este tipo especial y delicado de comunicaciones. Me pidió mi consejo para ir allá. Como yo no conocía nada de ese grupo, le dije que confiáramos en lo que su amiga le había dicho. La amiga en cuestión había asistido a una de esas consultas, y por medio del espiritualista pudo recibir los mensajes de su marido. Fue de tanta utilidad en su duelo que, a pesar de ser un extraño y costoso consejo, la animaba a ir por lo enriquecedor que podría resultar esa experiencia.

Confiando en su amiga, viajó a Londres y obtuvo fácilmente la cita con el profesional en el tema. Era un hombre ya mayor que le inspiró confianza desde el principio. Resumiré lo que recuerdo como más llamativo de lo que ella me detalló de esa cita.

El espiritualista, sin saber ningún antecedente sobre Emilia, le dijo que veía a un hombre de mediana edad que se acercaba con una botella de vino y dos copas. Para él no tenía mayor sentido ese detalle pero para Emilia, sí. Julián viajaba con frecuencia y al regresar de sus viajes tenía un ritual: traía siempre consigo una botella de vino del país a donde había viajado, ¡y con dos copas se sentaba con Emilia, a contarle de su viaje! Era la clave de autenticidad del mensaje. De allí en adelante, Emilia tuvo la certeza de que Julián estaba realmente allí. Lo que le explicó sobre las circunstancias de su muerte, cómo se sentía, dónde se hallaba y cómo acompañaba a Emilia y a sus hijos le dio a ella una gran paz y fortaleza para realizar su duelo, pues se sentía acompañada y cuidada por su marido. Él le dio otra clave al comunicador, y fue el nombre del conjunto residencial donde ellos vivían, nombre que sería casi imposible que un extranjero conociera.

Desde esa ocasión, en varias formas sutiles y delicadas, Julián ha manifestado su presencia a Emilia, lo cual ha representado para ella una ayuda invaluable en el profundo trabajo de madurez interior que un duelo supone. También fue determinante en el reto profesional que implicaba continuar el trabajo de Julián.

Luego de conocer esa historia, a varios pacientes que por cualquier motivo han tenido que ir a Londres y estaban en la coyuntura de resolver un duelo les he comentado acerca de la posibilidad de ir visitar a uno de estos espiritualistas. Estas son algunas de las historias que me han contado al regresar.

Una de ellas provino de María y Luis, de quienes ya he escrito algunas anécdotas. Ella tenía una enorme necesidad de comunicarse con Luis, pues, como él había muerto en un accidente, no había tenido oportunidad de despedirse. Interesada por la historia de Emilia, concertó una cita con la Asociación Británica de Espiritualistas, en donde tuvo contacto con su marido, experiencia que le permitió cerrar el ciclo. Ésta es una descripción de lo que recuerdo me narró de la cita con uno de los comunicadores ingleses. Al llegar, éste le dijo, sin que ella le hubiera aportado ningún dato acerca de su vida, que le daba pena que siendo tan joven ya estuviera viuda, que allí al cuarto de entrevistas llegaba un hombre activo, llevando un pastel de cumpleaños, porque quería celebrar con ella tanto el cumpleaños de ella como el aniversario de matrimonio, ambas fechas muy cercanas entre sí. De nuevo, ¡la clave de identidad! Hablaron animadamente durante una media hora, a través del espiritualista.

Luis le explicó a María muchas cosas de su vida en el Cielo, la cual seguía siendo dinámica e interesante. Le ayudó enormemente a tomar algunas decisiones, que le permitieron a ella, además, comprender situaciones que estaban sucediendo en la familia (era otra comprobación de que Luis estaba al tanto de lo que ocurría, sin perder ningún detalle de importancia). Este encuentro en Londres fue de gran valor emocional y espiritual para ella, y, aunque luego lloró por muchas horas caminando por esa ciudad, fue un llanto reparador, sanador. Ya tenía la certeza absoluta de que Luis estaba bien, cercano y protector.

Es oportuno hacer una aclaración: se denominan médiums o canalizadores a las personas que son mediadoras entre el mundo espiritual y el físico.[19] Los hay de dos tipos: médiums mentales, que pueden ver, escuchar y/o sentir al ser fallecido y otros hechos del mundo espiritual, para luego comunicar con su propio lenguaje lo que están percibiendo, y médiums físicos, a través de quienes el ser desencarnado habla, de manera que el médium se expresa con una voz y gestos que no son los suyos, sino los de la persona fallecida. Los espiritualistas son médiums mentales. Tienen habilidades de clariaudiencia y clarividencia, ya que han recibido entrenamiento para utilizar esos talentos como profesión.

---

19 James Van Praagh, *Hablando con el Cielo*. Buenos Aires; Editorial Atlántida: 1998. p. 46.

Aclarar dudas

Gonzalo vivía en Europa. Inteligente, alegre, viajero inquieto y curioso, de mente abierta. Su esposa había fallecido más de quince años atrás. Supo casi simultáneamente a través de mí y de una amiga mutua de la existencia de los espiritualistas londinenses. Práctico y de decisiones rápidas, concertó una cita, tomó un avión y voló al encuentro con su pasado. Gonzalo tenía una pequeña astilla en su corazón, astilla cuya existencia yo ignoraba. Su encuentro en Londres con su esposa fallecida, mediante el médium inglés que muy gentilmente sirvió de mensajero entre ambos, resolvió una duda que guardaba en silencio desde hacía años.

Su esposa, preparándose para morir de una enfermedad terminal, había tenido un comportamiento que para Gonzalo resultó extraño y doloroso. Aunque él era un excelente esposo, dedicado a cuidarla con todo el amor y esmero de que era capaz, ella optó por aislarse y guardar silencio cuando fue inminente su muerte. Gonzalo mantenía en un rincón de sí mismo la tristeza y el asombro que esta conducta le había ocasionado. Habían compartido muchos años de un bello matrimonio, y no encontraba nada que justificara lo ocurrido. Lo atribuyó a los cambios que una enfermedad puede ocasionar en la personalidad del enfermo. En Londres esta sombra se despejó, dando paz tanto a Gonzalo como a su esposa, quien ya en el Cielo comprendió que lo que ella creía era una sana conducta de desapego para no sufrir, realmente había herido a aquel quien con tanto amor la cuidaba y la había amado durante tantos años.

Gracias a la oportunidad que ella tuvo de comunicarse mediante el espiritualista inglés, le explicó a Gonzalo que su conducta se debía a la errónea creencia de que mediante ese silencio él se desapegaría de ella, y sufriría menos su partida. Se excusó, agradeciendo el amor y dedicación que Gonzalo le había dado durante todos los años de matrimonio. De este modo, se restauró el vínculo del hermoso sentimiento que ambos habían construido. Eso produjo un gran alivio en ambos, no sólo en Gonzalo. Le permitió a ella aclarar y resolver un peso que, sin la intervención del comunicador inglés, tal vez sólo se habría resuelto cuando Gonzalo llegara al Cielo. Vale la pena recordar ese hecho: que tenemos todo el tiempo, literalmente, para resolver los conflictos, errores y faltas, para crecer en conductas de amor, y para desatar los nudos que han obstruido el libre flujo de ese sentimiento entre nosotros y los seres que nos rodean.

Dentro de esa sesión, no sólo vino la esposa de Gonzalo a saludarlo; de hecho llegaron otros miembros de su familia. Es de resaltar que el comunicador de repente exclamó: "¡Uy, acá hay alguien que está recién llegada al club!". Se trataba de una tía materna de Gonzalo, ¡quien hacía pocos días había fallecido! (dato que el comunicador no podía saber). Todos los familiares le expresaron a Gonzalo alegría y cariño, como en cualquier reunión familiar en que se encuentran muchos parientes, y el encuentro en sí mismo es la ocasión de la alegría.

Los objetos personales

Un paciente cuyo hijo había fallecido hacía pocos años en un accidente aceptó la sugerencia de concertar una cita con los espiritualistas ingleses, con ocasión de un viaje de trabajo a Londres, acompañado de su esposa e hija. Llegaron a la cita los tres, sin comentar nada al comunicador respecto al accidente. Este, al iniciar la sesión, narró que se hizo presente un joven con buen humor, quien les dijo a sus padres que, aunque no le habían permitido montar en moto, se había muerto de todas formas ¡en un accidente de avión! Era evidente la clave de identidad con la cual, como ya hemos dicho, usualmente se presentan los visitantes del Cielo, y además una irónica y sabia conclusión sobre el destino. Les explicó que el suyo era morir joven, que estaba feliz donde estaba. Les dijo que con frecuencia los visitaba para acompañarlos, y describió con claridad la nueva casa que habitaban sus padres, para lo cual proporcionó, entre muchos detalles, uno en especial que no sólo era una prueba sobre la veracidad del mensaje, sino un consejo para que su madre se decidiera a superar su dolor: le pidió a ella que por favor regalara las botas y el saco que guardaba en un clóset, que habían sido de él. Esos objetos, guardados con celo amoroso por la madre, la retrotraían al dolor y la pérdida. Eran anclas al pasado que le impedían vivir el presente, y naturalmente sólo le permitían proyectarse a un futuro lleno de dolor. De todos sus objetos personales, el muchacho sabía cuáles eran los que guardaba su madre y dónde. Quería que se deshiciera de ellos para que se desprendiera del dolor de la pérdida.

Para el padre y la hermana este encuentro fue reconfortante y ayudó a sanar. La madre requería aún tiempo para lograrlo, y el mensaje de su hijo no fue suficiente. El hecho de que le dijera que estaba bien, que su destino era morir joven, no reparaba la pérdida sino que por el contrario profundizó el sufrimiento. Las prendas ataban a las imágenes, no del pasado, sino de aquello que jamás iba a ser en el futuro, las imágenes de una vida sin el hijo. Él sabía bien cuánto daño le hacía a su madre ver sus objetos personales, razón por la cual le dio un maravilloso consejo: regalarlos.

Si bien para esta madre los objetos de su hijo eran motivo de emociones como la tristeza, para otra persona las pertenencias de su ser querido fallecido pueden ser motivo de un grato recuerdo. Cada persona le da lecturas diferentes a lo que le ocurre y lo que la rodea. El consejo del joven a su madre de regalar sus prendas de vestir es aplicable para ella, e igualmente válido para todos los que logran reconocer que ver o guardar los objetos pertenecientes al ser querido no les permite sanar su duelo. Ciertamente, desprenderse de ellos no es fácil. Si no es posible hacerlo por el dolor que causa, sugiero que guarden sólo unos cuantos de esos objetos donde no los vean mientras vuelve la paz a la vida diaria, y regalen los demás que puedan tener utilidad para otras personas. Para aquellos que guardan con cariño los objetos porque les traen recuerdos bellos y les dan alegría para vivir la vida, no tendría sentido que se desprendieran de esos valiosos elementos que los motivan positivamente.

Constelaciones familiares

Para que la fuerza de la vida y la salud fluyan a través de las familias, a finales del siglo XX surgió la terapia de constelaciones familiares, creada y difundida por Bert Hellinger como herramienta de salud tanto personal como familiar. Se ha extendido rápidamente por el mundo entero, y uno de sus propósitos es sanar las relaciones entre los muertos y los vivos en los sistemas familiares, para que las fuerzas de paz, salud y prosperidad en las familias no permanezcan obstruidas o bloqueadas a causa de los conflictos que con frecuencia se dan entre ellas. Si estos conflictos están relacionados con alguien que murió, se tornan aún más difíciles de solucionar, de modo que la función de un buen constelador consiste en facilitar la disolución de estos problemas gracias a la conexión del muerto con una persona viva. Esta última se convierte en el representante de aquel que ha fallecido y, mediante la intervención del constelador, se promueve que el sistema familiar tome conciencia de lo que ha ocurrido y solucione la dificultad.

Es evidente que no es una práctica sencilla, y se requiere de un excelente profesional para que se lleve a buen término esta terapia. Si no se encuentra un constelador adecuadamente entrenado, se corre, entre otros, el peligro de crear falsas historias que nunca ocurrieron y que pueden lesionar aún más a las personas involucradas. Hay abundante literatura sobre el tema para el que desee profundizar sobre este nuevo grupo de profesionales y sus procedimientos para ayudar a los seres que han fallecido, y que por algún motivo no pueden tener la paz que sería deseable para llegar al Cielo.

11

ALGUNAS REFLEXIONES SOBRE EL DUELO

Hay que sacar tiempo para el corazón, para el silencio. Para conectarnos con el ser que ha fallecido y, desde ese silencio, desarrollar un nuevo lenguaje de comunicación con él

Resulta especialmente difícil cerrar una casa por la muerte de los padres, con todo lo que ello acarrea: además de la congoja y el vacío a afrontar, verse obligado a regalar o vender objetos familiares de entrañable valor sentimental. Igualmente, desprenderse de las pertenencias de un pariente cercano recién fallecido, como un hijo o un hermano, puede significar una tarea en verdad dolorosa. Las circunstancias son diferentes y, cuando esto sea posible, cada quien podría darse los días que requiera para hacerlo con relativa tranquilidad. En otras ocasiones, hay que entregar la vivienda prontamente, lo cual hace imposible tomarse mucho tiempo en esas gestiones tristes e imprescindibles. Aconsejo buscar siempre una buena compañía para llevar a cabo estos deberes; pueden ser los hermanos, los tíos, los primos o los amigos quienes sabrán colaborar con paciencia y cariño. También sugiero aprovechar la oportunidad para recordar buenos momentos y permitir que la vida del difunto desfile en nuestra memoria al vaciar sus cajones, empacar sus libros, sacar su ropa o regalar entre la familia y amigos lo que cada uno desee conservar. Es igualmente importante y necesario hablar del pasado con amor, reír y llorar, perdonar y pedir perdón; cuando nos enfrentamos a las queridas pertenencias de alguien amado, resulta válida una repentina inmersión en las profundidades de la memoria, ojalá dentro de la mayor afabilidad posible.

Las discusiones y las rencillas por estos temas tan sensibles —que muchas veces involucran el patrimonio familiar— pueden lesionar profundamente a la persona que partió o a quienes aún deben permanecer en la Tierra. Rara vez contamos con un profesional para que nos ayude a aclarar cuál era la voluntad del difunto. Por eso, procurar llevar estos momentos y determinaciones con respeto, con justicia y con generosidad nos permite también ir construyendo nuestro propio camino al Cielo, a la vez que apoyamos a quien ya trascendió para que lo haga en paz y en armonía.

El duelo es personal e inicialmente involuntario

Nadie elige de antemano sentir dolor al guardar un recuerdo de su ser querido fallecido; tampoco decide que tal recuerdo le impida sanar su tristeza. Rara vez escogemos la forma como manejamos el duelo o como vamos a reaccionar ante las pérdidas: nuestro inconsciente sencillamente reacciona y nos arrastra. Por ello resulta vital pedir ayuda, rodearnos de familiares y amigos positivos, leer sobre el tema cuanto nos sea posible; orar, meditar y evitar el aislamiento extremo reconforta. Son estrategias sanas que evitan ser atrapados por el dolor, o convertirnos en un peso para nosotros mismos y para la familia.

Suele suceder que quien se queda no llora por el fallecido; lo hace por sí mismo, por su tristeza, su soledad, su pérdida o por un vacío que no sabe cómo llenará. Esto es natural y el dolor por la muerte jamás es cuestionable; así reaccionamos no sólo los humanos sino también los animales. Aceptar el destino es muy difícil; es casi como si aceptar fuera sinónimo de aprobar o estar de acuerdo, y esto puede resultar imposible ante la muerte de alguien cercano, en especial si se trata de un joven. Cuando es una persona de edad avanzada, en particular si tiene una enfermedad incapacitante, degenerativa o dolorosa, entender su muerte se torna más sencillo, pues se asumen y se validan las leyes naturales de la vida. Admitir la muerte significa reconocer este hecho tal como es: inevitable. Hay que acatarlo. Luego de un tiempo necesario y prudente, podremos apartar el lamento y el reclamo frecuentes; de este modo, permitiremos que la vida con sus leyes misteriosas actúe y produzca el gran milagro de la sanación.

Sacar un tiempo para el corazón, para el silencio, para conectarnos con el ser que ha fallecido y, desde allí, forjar un nuevo lenguaje es un hito de un positivo camino hacia la sanación. Lo hacían las culturas ancestrales y valdría la pena que los occidentales aprendiéramos de ellas: dejarnos cuidar por los que nos quieren, reunirnos en familia para conversar sobre los recuerdos que nos unen; acompañarnos; celebrar la vida de quien se marchó, a sabiendas de que frecuentemente retornará en su cuerpo de energía; recordar sus talentos, sus anécdotas, sus enseñanzas… Abrir nuestras mentes y nuestros corazones a su nueva condición espiritual; de esta manera no lo alejaremos con tristeza de nuestras vidas, relegándolo al doloroso papel de causante de nuestros sufrimientos.

Lo que mata a nuestro ser querido no es la muerte; somos nosotros, cuando nos negamos a construir con él un nuevo vínculo de amor; cuando no admitimos que continúa vivo en otra dimensión y permitimos entonces que muera en nuestra mente. Nos acercamos sólo a sus recuerdos del pasado que, muchas veces, ocasionan nuevas tristezas e impiden la comunicación con quien permanece vivo en el presente. Invisible, sí, pero vivo. Lo matamos cuando aceptamos su existencia solamente si lo percibimos a través de nuestros sentidos y desde su cuerpo físico. Como este cuerpo ya no existe, le negamos a nuestro corazón cualquier posibilidad de contacto con ese ser querido, ahora encarnado en su cuerpo de energía.

La mente, dirigida por el corazón y a pesar de la aflicción, abre un espacio de aceptación que, paulatinamente, ayuda a retomar la vida cotidiana. Pero, cuando no se le da un rumbo, es esa misma mente la que se funde en el dolor, el cual se transforma en sufrimiento, en lástima de sí mismo; impide que, pasados unos meses o un par de años a lo sumo, las fuerzas sanadoras que todos poseemos actúen para ayudarnos a romper el encierro. Si esto sucede y sin esperar mucho tiempo, hay que pedir ayuda, no sólo a familiares y amigos, sino a profesionales de la salud entrenados en dar este tipo de soporte. Ello impedirá que el duelo se convierta en enfermedad, en una depresión patológica que lesiona las neuronas y ocasiona un desequilibrio de neurotransmisores que conlleva alteraciones profundas en la personalidad. El terapeuta cumplirá la función de facilitar la recuperación, naturalmente, con ayuda de la persona que la sufre y de sus familiares y amigos.

Se plantea el debate de si en estos casos especiales y delicados deben darse o no antidepresivos; es una alternativa que, considero, tendrá que evaluar y dirimir el profesional, pues no existe una norma general. Usualmente no sabemos cómo será nuestro estado emocional al enfrentar un duelo, ni cómo podremos recobrar la serenidad; es factible que este evento nos encuentre en un momento de fragilidad extrema en el que, literalmente, el duelo nos destruya. Es en estas situaciones cuando una depresión severa puede aparecer y se hace necesario pedir y recibir ayuda. Como médica que practica terapias alternativas, creo que, en casos leves, hay medicamentos naturales u homeopáticos útiles; en casos severos e incapacitantes de depresión por duelo que no responden a las medidas terapéuticas generales, no dudo en sugerir la toma de antidepresivo por un tiempo prudencial, con seguimiento médico y acompañamiento psicológico. En lo personal, procuro involucrar en mi práctica clínica el tema espiritual, por cuanto sin él encuentro más difícil aceptar la muerte de cualquier ser querido.

Desde lo espiritual, se hace necesario aceptar que la muerte por enfermedad o accidente es un hecho trascendental que el alma conoce con anticipación. Elisabeth Kübler-Ross, en su libro *La muerte: un amanecer*, relata historias de jóvenes fallecidos accidentalmente que, de alguna forma, días antes sabían y habían manifestado que pronto morirían. ¿Cómo logra la personalidad comprender ese designio del alma? No lo sé, pero he escuchado historias parecidas por parte de varios de mis pacientes y, en lo personal, mi madre nos lo anticipó unas semanas antes de su fallecimiento. Si el alma sabe que va a partir, debemos aceptar que es un hecho sagrado, imposible de cambiar; una decisión tomada desde niveles superiores por el ser interno que mora en nosotros, ese ser eterno e inmortal, ese espíritu que habita en todos y cada uno de nosotros. Habrá excepciones, sin duda, pero son eso, casos excepcionales en los que, según lo plantean algunos textos de origen indio, las oraciones y los comportamientos particularmente valerosos pueden postergar por un tiempo esa muerte anunciada.

Aprendiendo a comunicarnos con ellos

Los procesos de recuperación de un duelo se facilitan si comprendemos algo que hemos venido reiterando a lo largo de este libro: el ser que fallece no muere sino que trasciende a otra dimensión en la cual podemos mantener el vínculo de amor, de cercanía e, incluso, es posible comunicarnos con él. Esta comunicación se da de una forma distinta a la que utilizamos cuando hay un cuerpo físico, eso es innegable; pero si queremos lograrla, ello nos obliga a realizar cambios internos que se traducirán en transformaciones positivas para nuestra vida. Es preciso aprender a tener momentos de silencio interior, a calmar la mente, a entrar en contacto con nuestra intuición. Ese duelo, que inicialmente era una dolorosa reacción, se puede transformar en un proceso voluntario de crecimiento espiritual.

No recuerdo a nadie que haya logrado estados profundos de meditación tras la primera vez que lo intentara; tampoco a quien hubiera jugado como un profesional del tenis cuando, igual, tomó por primera vez una raqueta. Pero aquel que persiste y confía en el método que elige va obteniendo logros en el campo en que vaya ejerciendo su práctica. Ocurre lo mismo con la meditación, el canto, la cocina o cualquier otra actividad; y siempre surgirán unos con mayor talento que otros. De igual forma, restablecer el contacto con seres fallecidos es una labor de paciencia que no se logra de la noche a la mañana; ellos sí nos escuchan y perciben fácilmente, y allí tienen una gran ventaja. El hecho de hablarles con cariño de compartirles nuestra vida cotidiana va fortaleciendo de nuevo el lazo de amor y les permite volver a ocupar un lugar en la familia, desde el cual pueden ayudarnos en una forma silenciosa. Si a partir de la muerte del ser querido nos acostumbramos a esa especie de monólogo cotidiano, luego se construirá un verdadero diálogo, similar al que se produce en las llamadas telefónicas que intercambian los miembros de una familia. Nuestra mente se volverá sensible al contacto con la dimensión del Cielo y, poco a poco, aprenderá a "ver y escuchar" las señales enviadas desde este lugar por nuestros amigos y familiares. El monólogo se transforma en diálogo de amor: desde la Tierra suben las palabras, y desde el Cielo bajan vibraciones de amor.

En este punto me permito insistir en que no sólo desde el Cielo nos envían sus mensajes y su ayuda. Muchos de ellos descienden a nuestra dimensión en su cuerpo sutil y lo hacen para acompañar e inspirar a quienes aman. Por esta razón, los que denomino profesionales en este campo pueden verlos. Rosemary Altea, una maravillosa mujer dedicada a tender puentes entre ambos mundos, ha escrito varios libros en los cuales es posible profundizar sobre este poco conocido e interesante tema. De sus textos destaco *El águila y la rosa, El poder el espíritu* y *El águila y la rosa levantan el vuelo*. Profundizar en este tipo de literatura les ha aportado a miles de personas el conocimiento y consuelo necesarios para recuperar la fuerza que, luego, les permite reintegrarse a la vida cotidiana.

Si bien sé que existen personas con talentos especiales, y que tienen una profesión que no se aprende en cualquier universidad, comprendo que son pocas y que no es fácil encontrarlas. Por tanto, considero importante que en todas las familias vayamos consolidando la perspectiva de ayudar al que muere en su paso al Cielo, y luego de ello fomentar la práctica de una comunicación mental y afectiva en forma regular y amorosa. Ésta depende no sólo de la relación que hayamos construido con nuestros muertos en su vida terrenal, sino de la conexión que estemos dispuestos a promover luego de su fallecimiento, que puede incluso ser mucho mejor, si así lo deseamos, en especial si creemos que nos faltó hablar, dar cariño o atención a la persona que falleció. Esto lo podemos subsanar con un diálogo amoroso luego de su partida al Cielo que permitirá la paz para todos y hará que las fuerzas de la vida fluyan mejor a través de nuestras familias.

A pesar del dolor, fortalecer la certeza de que lo que muere es el cuerpo físico, no el alma, permite avanzar en construir un nuevo espacio de relación con el ser que marchó hacia otra dimensión.

Mantener el amor para alcanzar la paz

Olvidarlos no es lo mismo que dejarlos ir en paz.

Con frecuencia escucho que para permitir a los seres queridos fallecidos "irse en paz" lo mejor sería no volver a pensar en ellos; significaría algo así como negar su existencia en nuestras vidas y, de paso, negar nuestro duelo, supuestamente para facilitarles una estancia más feliz en el mundo espiritual. Esto de verdad parece absurdo. No obstante, periódicamente mis pacientes insisten en haber recibido ese consejo. Esta es una historia que ilustra lo que ocurre en esos casos:

A algunos de mis visitantes del Cielo los he percibido en diversas ocasiones. A uno dejé de verlo varios años atrás: era Luis, la misma persona que falleció en un accidente de aviación y se me visibilizó una tarde en mi consultorio intentando entregarme un mensaje para una de sus hijas. Ese encuentro se había dado unos diez años antes de esta última nueva visita. Su esposa acababa de entrar a consulta y se veía alegre y optimista. Al preguntarle cómo estaba, María me respondió que muy bien: hacía una transición laboral y acababa de presentar una excelente entrevista para su nuevo trabajo. Su euforia no compaginaba con la silueta triste que observaba a su lado. Era Luis, a quien, como señalé, llevaba mucho tiempo sin ver. En el lenguaje popular de Colombia el adjetivo que mejor lo describiría es "achicopalado", palabra que usamos coloquialmente cuando alguien luce triste, con los hombros encogidos, cabizbajo; como cuando se recibe una mala noticia que abruma.

Lo que me ocurre cuando los percibo es que los "veo" con tonos que van del oscuro al claro, en menor o mayor luminosidad; son indicios que me ayudan a comprender su estado de ánimo, además de la postura que asumen y otros detalles que se constituyen en las claves con las cuales se identifican, como ocurrió con mi paciente de los anteojos gruesos. Luis no estaba contento; verlo así, diez años después su muerte, cuando sus hijos venían realizando excelentes carreras, su esposa había logrado afrontar con valentía su viudez y nunca había faltado nada para su familia, me causaba gran curiosidad. Estaba convencida de que el Cielo era un lugar donde no había cabida para ese tipo de tristeza. ¿Sería que, a pesar de llevar tanto tiempo de fallecido, aún no estaba en el Cielo sino en algún otro lugar? ¿Estaría pidiendo ayuda? No me parecía probable. ¿Existirían problemas en el Cielo? Tampoco parecía factible, pero lo que sí tenía claro era que algo le sucedía. Supongo que él comprendía mis esfuerzos por tratar de entender qué le ocurría y en respuesta tan sólo se pintaba con colores lúgubres y encogía aún más su cuerpo. Él había sido un hombre muy dinámico y divertido. Comprendí entonces que se disfrazaba de tristeza para hacerme llegar su mensaje.

Esperando aclarar mis inquietudes, le pregunté a su esposa si había estado pensando en él. Contestó que el fin de semana anterior, aconsejada por alguien que conocía bien los procesos del duelo, había ido a la casa de campo que tenía con Luis desde que estaba vivo, la cual había decidido vender, a ¡despedirse de él!

En el jardín de la casa estaban sus cenizas y al tomar la decisión de venderla, pensó que debía despedirse tanto de Luis como de la casa, mediante un pequeño ritual. La casa estaba llena de sus fotos y era el lugar de encuentro frecuente con él, gracias a esa silenciosa comunicación que puede construirse con nuestros amados seres del Cielo. El pensar en retirar esas fotos le causaba inmensa tristeza. Alguien le había aconsejado que no era bueno mantener la conexión con él y que al vender la casa debía "cerrar" esa relación. Creo que María no alcanzaba a comprender que su congoja era poca frente a la que yo observaba en Luis.

Al describirle que lo veía con inmensa pesadumbre, y contarle de mi suposición respecto al posible temor de Luis ante el hecho de que quisiera despedirse de él, luego de tantos años de amor y compañía, de inmediato ella se sobresaltó y me pidió que le dijera cuánto lo adoraba, y que jamás lo olvidaría; por siempre mantendría esos lazos de amor y no quería saberlo abatido. Yo no tenía que trasmitirle ningún mensaje pues él estaba escuchando todo. Sus colores oscuros entonces se tornaron claros, llenos de luz, y enderezó el cuerpo mientras una gran sonrisa le iluminaba el rostro. María sonrió igualmente con descanso, incluso divertida, al imaginar la pantomima de su marido para expresarle el desacuerdo con cualquier posible despedida. No era necesario volver a hacer otro duelo silencioso, diez años después.

María comprendió que Luis no era las cenizas, ni las fotos, ni la casa; que la podría vender y guardar las fotografías sin que ello afectara el vínculo de amor que la unía a su marido, y sin excluirlo de su vida. Las fotos y el lugar actúan como elementos que permiten aquietar la mente, concentrarse y enfocarse para entrar a ese estado de presencia serena donde los seres del Cielo son asequibles, allí donde se encuentran las conciencias, los corazones. Lo mismo ocurre para el contacto con Dios: la iglesia, las velas y las imágenes sagradas son tan sólo facilitadores de la oración, la meditación o el silencio, lo cual nos ayuda al encuentro con Él. A Dios como tal lo tenemos en todas partes, sea en una fiesta o en la cima de una montaña; invariablemente lo llevamos en el templo de nuestro corazón. No hay forma de que lo perdamos; quien se pierde de Dios es nuestra mente, la misma que por concentrase en la tristeza y en la ausencia se pierde de nuestros seres queridos.

Yo había visto varias veces a Luis; la primera, a los pocos días de fallecido, cuando vino a pedirme que le contara a su familia que él estaba en paz; además, me solicitó ayuda para reparar su cuerpo energético, lesionado luego del accidente, y así poder emprender su viaje al Cielo. Después se presentó dos veces más cuando quería enviar un mensaje a sus hijas y, luego, por la misma causa que lo traía ahora: temor a una despedida innecesaria. En aquella ocasión, alguien le aconsejó a María que lo dejara ir y no le hablara más, como lo hacía con frecuencia cuando mentalmente compartía con él sus eventos cotidianos; que "mejor lo dejara en paz". Consternada, ella me explicó que estaba realizando un gran esfuerzo por cumplir este propósito, pues le advirtieron que hablarle impediría que él evolucionara o pudiera estar tranquilo, e incluso que a ella misma le haría daño este diálogo, pues la podría "bloquear". No comprendo esta última sugerencia con claridad, ¿cómo podemos pensar que alguien que nos ama puede obstaculizar nuestra vida?

Quedé extrañada ante estos consejos. ¿Acaso es sensato sugerirle a una persona dejar de hablar con quien amorosamente se comunica a diario y comparte sus sueños y fracasos y cuando, además, se sabe que el interlocutor escucha y disfruta de ese diálogo? ¿Qué tipo de bloqueo puede ocasionar el cariño? Lo que ciertamente no resulta razonable, y no debe confundirse, es lamentarnos o quejarnos indefinidamente por la muerte de alguien, o por los errores de quien falleció, o reclamarle insistentemente su partida y así sumergirnos en una depresión abismal. Esto no es justo con quien ha muerto, ni tampoco con uno mismo; en ese caso sí sería mejor dejar de pensar en él.

En esta ocasión también Luis se mostró afligido, visibilizándose en mi consulta. Jamás le haría daño el diálogo frecuente con María, ni le alteraría su paz. Por fortuna, ella así comprendió y, para alegría de todos, retomó el contacto. Continuó la vida asumiendo los retos que debió enfrentar luego de su muerte. Su universo afectivo se enriqueció, encontró una nueva pareja y no se sentía atada en ese sentido a Luis, lo cual no significaba que dejara de amarlo. Cuando alguien muere la fidelidad de pareja puede acabarse, más no el lazo de cariño y gratitud. Para continuar viviendo no debemos olvidar forzosamente a los que han partido, pues ellos también hacen parte esencial de nuestra vida. Me detengo en este tema porque, luego de muy diversas experiencias con visitantes invisibles, percibo que con frecuencia se tiene una comprensión errada sobre lo que ocurre luego de la muerte: olvidar a nuestros muertos no es lo mismo que dejarlos ir en paz.

Luis fue una persona amable, dinámica, alegre, inteligente y poseedora de gran sentido social; además, a distintos niveles, supo construir fecundos vínculos. Es un ser que bien puede continuar su aprendizaje en el Cielo en tanto lo entrelaza con frecuentes visitas a la que fue y sigue siendo su familia. El diálogo cotidiano con María, o las demandas amorosas de sus hijos para que los acompañe en un examen o en una situación en la que requieren su presencia silenciosa, jamás le quitan paz de su espíritu; por el contrario, fortalecen esos vínculos de solidaridad que le ayudan a llevar a cabo sus labores como habitante del Cielo, cuya misión incluye acompañar, cuidar, proteger, inspirar y amar a otros. Lo que sí le produce dolor es que lo excluyan sin motivo real de su familia en la Tierra. Sin embargo, en dos oportunidades, María, de buena fe, creyó que el consejo que le daban de cortar su diálogo con Luis era bueno para todos. En ambas ocasiones él se presentó a pedirme ayuda para subsanar el equívoco, pero pocos habitantes del Cielo encuentran un intermediario que les ayude en mantener los vínculos con la Tierra, y se ven obligados a ser excluidos de su familia. Como sabemos poco de la vida en el Cielo, aceptamos con facilidad creencias populares falsas sobre el tema.

Cuando alguien ha llegado al plano del Cielo nunca le produce daño a nadie. Sin embargo, es posible que el consejo que ha sido dado con buena intención, tanto a María como a miles de dolientes, de no hablarles a sus muertos, de intentar no recordarlos, por temor ya sea a que no puedan hacer su paso a un lugar de paz o porque su presencia invisible ocasione una carga energética para los que se quedan, se base en que ocasionalmente algunos de los que fallecen —como se explica al hablar de los estados intermedios– por diferentes motivos se quedan atrapados en planos terrenales. Si han sido posesivos, es posible que se queden impidiendo que sus familiares tengan vínculos o procesos de vida diferentes a los que el fallecido considera son los que su familia debe mantener; es el caso de personas egoístas y celosas. En estas circunstancias la oración es de vital importancia y explicarles que si prosiguen su viaje a la Luz comprenderán todo lo que ocurre y tendrán gran armonía y sosiego interior, algo que con seguridad no tenían en su vida terrenal.

12

"TODO EL MUNDO MUERE, PERO NADIE ESTÁ MUERTO"

PROVERBIO TIBETANO

Nunca he visto un camión de mudanzas detrás de un cortejo fúnebre, nunca. Pero existe un tesoro que podemos llevar con nosotros, un tesoro que nadie nos puede robar, que no es lo que "hemos ahorrado" sino "lo que hemos dado a los demás"

PAPA FRANCISCO I

"Todo el mundo muere, pero nadie está muerto". Así comienza un bello y profundo libro sobre la muerte escrito por el Dalai Lama y Jeffrey Hopkins.[20] Su idea central plantea que el ser humano es inmortal, aunque se acepte con claridad que la muerte del cuerpo físico resulta inevitable. Esta vida, que denominamos terrenal, es

---

20 S.S. Dalai Lama y Jeffrey Hopkins. *Acerca de la muerte*. Barcelona; R.B.A. Libros Integral: 2003.

un evento temporal durante el cual el ser que somos –llámese alma, espíritu, conciencia individual o como cada uno prefiera, conforme a sus creencias– habita transitoriamente en un cuerpo físico, vive una serie particular y única de circunstancias que dejan huellas o enseñanzas igualmente particulares y en un momento, que para la mayoría de nosotros es desconocido, abandona este cuerpo dejando atrás el mundo terrenal para dirigirse hacia otra dimensión. Una parte considerable de la humanidad cree que cíclicamente, y de acuerdo a la forma como haya vivido y haya muerto la persona y luego de permanecer un tiempo en dimensiones espirituales, el ser retorna a un nuevo cuerpo físico para realizar otro proceso de aprendizaje. Como metáfora, podríamos pensar que sucede como en el estudiante que termina un ciclo y sale a vacaciones para regresar luego a continuar su labor de aprendizaje. Según como haya sido su desempeño en el curso pasado, se le permitirá entrar a otro más avanzado o deberá repetir el anterior; incluso, si su desempeño fue ciertamente negativo, puede que se le aconseje descender uno o varios niveles para reafirmar conocimientos que, por falta de dedicación y tiempo, de atención y de conciencia, no logró en algunas materias que le correspondía estudiar.

El propósito de este libro no es debatir la creencia en la reencarnación. Sencillamente planteo el hecho objetivo de que muchos creen en ella. Independiente de si la vida siguiente a la actual ocurre en un nuevo cuerpo físico y en este planeta, o sucede en un cuerpo de energía radiante en una dimensión espiritual, todas las creencias que afirman la existencia de una vida posterior a la terrestre coinciden en que nuestras acciones en la vida presente determinan cómo va a ser la próxima, sea esta terrenal o espiritual. Por tanto, tenemos la posibilidad de centrarnos en vivir lo mejor posible para morir lo mejor posible. Este es el pasaje que nos garantiza un buen viaje, a un buen lugar, a una posterior buena vida. El respeto a las creencias de otros, además de ser una de las señales importantes de amor, es un requisito indispensable para pasar el curso.

Mi madre no creía en la reencarnación, pero sí en Jesús, quien redimió a la humanidad en el momento de su muerte. Consideraba que, según la vida de cada uno, al morir iría a distintos niveles o moradas en el Cielo, donde continuaría un proceso de purificación que le permitiría en algún momento estar en la presencia cercana de Dios. Según sus creencias, quien llegue allí debe transformar las emociones negativas y saldar sus malas acciones a través del arrepentimiento sincero. El purgatorio y las diferentes dimensiones del Cielo tenían un mismo fin para ella: sencillamente se precisa un proceso de purificación antes de poder estar en presencia de Dios. De la vida terrenal no nos vamos perfectos y sólo unos cuantos logran la santidad, por ello Dios nos brinda otras oportunidades en el más allá que permiten seguir acercándonos a Él. Su filosofía era sencilla, básica y profunda; oraba con frecuencia por las almas del purgatorio, tenía una fe sólida en el amor de Dios y plena confianza en que Él conocía nuestra naturaleza y, cuando de corazón lo anheláramos, nos permitiría acabar de purificarla para, de esta manera, llegar a ese estado de plenitud que significa estar en Su Presencia y lograr la Bienaventuranza.

Por mi parte, creo en la reencarnación, y esta convicción me proporciona herramientas para comprender la justicia divina, las desigualdades y las inequidades. Nunca recibí una crítica o descalificación de mi madre por tener esta creencia, sobre la cual hablamos muchas veces con profundo respeto. Ella sabía de mi devoción por Dios y de mi intento por llevar una vida correcta, siguiendo las enseñanzas de mis padres, encaminadas a ayudar y servir a otros; eso era realmente lo importante y lo valioso, más allá de si yo creía o no en la reencarnación, lo cual resultaba secundario. Las buenas obras y el buen actuar eran lo esencial. Supongo que ella pensaba que me llevaría una gran sorpresa cuando, al llegar al Cielo, me dijeran que ¡no tenía que regresar a una nueva vida en la Tierra! Si esto llegara a suceder, me parecería realmente maravilloso, pues no niego que por este lugar acontecen situaciones con frecuencia difíciles y dolorosas. Por fortuna, también estamos llenos de bendiciones y regalos maravillosos que la vida nos da todos los días que permiten equilibrar este complejo vaivén de circunstancias que trae vivir. Agradecerlos es una de las recomendaciones más útiles para estudiar felizmente en la escuela Tierra.

Otro punto común para ambas creencias, además de la importancia de llevar una buena vida en este plano terrenal para alcanzar una igualmente buena en el otro, es la necesidad de un buen morir. Esto no significa tener una muerte plácida y sin dolor, aunque es algo que sin duda todos ansiamos. Los budistas y los hindúes destacan como punto esencial para alcanzar una buena vida después de esta, sea en el Cielo o en una nueva encarnación, tener un estado mental apropiado en el momento de la muerte; hasta donde sea posible, libre de emociones como la rabia, la codicia, el temor, el orgullo, la culpa, el deseo de venganza, el resentimiento, la falta de autoaceptación y otras similares. Según ellos, las creencias, los pensamientos y las emociones presentes en el momento de la muerte del cuerpo físico serán los mismos que condicionarán la nueva personalidad en la siguiente encarnación. Nuestra personalidad actual es el resultado de la que hemos construido durante vidas sucesivas, y sobre ella podemos trabajar ahora y diariamente; no parece muy práctico postergarlo para hacerlo en el instante de morir, pues en ese momento lo más probable es que no tengamos la claridad mental ni emocional para hacerlo.

Mientras mayor sea el grado de amor, armonía, buen humor, autoaceptación, tolerancia, gusto por la verdad, por la disciplina sencilla, por el trabajo, por cultivar la espiritualidad, el servicio, el arte en cualquiera de sus expresiones y virtudes similares que pueda desarrollar un ser humano, mejor será el equipaje mental y emocional con el que llegará a la siguiente vida. Vale la pena reflexionar sobre esto. Para quienes creemos en la reencarnación, aquí encontramos la explicación de por qué alguien, desde pequeño, pueda tener grandes talentos musicales, literarios o de cualquier otro tipo, cultivados en el ciclo de una vida anterior.

En las religiones que no comparten esta creencia, como la católica, también se destaca la importancia del momento de la muerte como un instante crucial para definir la salvación y una pronta llegada al Cielo. Por ello hay un sacramento llamado la unción de los enfermos, en el cual el sacerdote unge la frente del moribundo con un óleo sagrado y procura ayudarlo a ponerse en paz con Dios, consigo mismo, con sus familiares y con sus amigos, ofreciéndole además la oportunidad de confesarse. Esto le permite obtener la paz mental y espiritual necesaria para morir en buenas condiciones, libre en lo posible de culpas y cercano al amor de Dios.

Tomando en cuenta lo anterior, es importante rescatar lo que es común a las dos creencias: ambas están de acuerdo en que debemos procurar una vida correcta, intentando hacer el mayor bien posible y evitando al máximo causar daño; igualmente coinciden en que debemos lograr un estado emocional y mental bondadoso en el momento de la muerte.

Como todo el mundo muere, cada uno de nosotros debería tomar estas recomendaciones como asunto que le compete personalmente y así estar preparado para este evento sagrado, crucial e inevitable. Sobre esto último quisiera ampliar algunas ideas. He acompañado a decenas de personas a morir, y algunos de mis amigos médicos también lo hacen. Es una tarea que igual cumplen sacerdotes de diversas religiones. Lo cierto es que diversas experiencias me han enseñado que no es tan fácil tener un buen estado mental en el momento de la muerte si no se lleva una práctica espiritual previa o se cuenta con una ayuda adecuada. Es preciso abrir nuestra mente a ese evento, con paz y aceptación, como lo hizo Francisco en una de las historias que he narrado antes. De lo contrario, la muerte puede ser como un parto difícil y traumático en una mujer no preparada.

Deseo aclarar que cuando me refiero a una práctica espiritual no significa necesariamente una práctica religiosa, aunque por supuesto no son excluyentes. Alguien que ame la naturaleza, dedique una parte de su tiempo libre a contemplarla y cuidarla, disfrute de momentos frecuentes del contacto con ella saliendo a caminatas por el campo, ascendiendo la montaña, impregnándose del sentido profundo de paz que nos ofrece el océano, y que de ese vínculo obtenga paz y alegría para su vida diaria, está realizando una práctica espiritual. Otra persona puede ser atea pero, si tiene una vida ética y comprometida en mejorar las condiciones de vida de quienes la rodean, evitando hacer daño, lleva una práctica espiritual más profunda y comprometida que otros que se llaman religiosos pero no han incorporado la bondad en su vida. A algunos, Beethoven entre ellos, la música los conduce a elevados estados de conciencia, de cercanía a Dios, similares a los que puede llegar alguien que ore o medite con profundidad. Cada uno puede realizar la práctica espiritual que le guste, aquella que le sirva para mejorar su carácter.

Prepararse para la muerte

> Si vamos a cruzar un río es preferible saber nadar antes,
> y no pretender aprender cuando ya estamos en la orilla.

Arturo era un empresario dinámico, trabajador persistente, inteligente y de un humor fino; usualmente lograba cuanto se proponía. Cuando le diagnosticaron un cáncer agresivo, hizo todo lo que era médicamente posible para curarse: cirugía, quimioterapia, medicina alternativa y dieta, entre otras terapias. Lo acompañé durante los dos años que duró su enfermedad y demostró además ser un hombre muy valiente. Se esforzaba por curarse tanto por amor a la vida como a su familia. A pesar de las reincidencias de la enfermedad, insistía en hacer lo que fuera necesario para mejorarse.

En algún momento me preguntó acerca de la posibilidad de irse a vivir a una población cercana, a menor altura que Bogotá, para alcanzar una mejor oxigenación y así, algún alivio para sus molestias físicas. Sin embargo, esto implicaba que, en caso de alguna urgencia médica, no tendría cerca un centro de atención médica adecuado. A pesar de los intensos tratamientos que había recibido y que le permitieron momentos esperanzadores de recuperación, por esos días su estado de salud se estaba deteriorando rápidamente.

Cuando comprendí que la medicina ya no podía proponerle nada adicional, le expliqué algo que a los médicos nos resulta muy difícil: aclararle que ya no teníamos algo nuevo para ofrecerle a su cuerpo, y que, si continuaba en esa búsqueda estéril de salud física, iba a dilapidar un tiempo precioso. Buscaba que aprovechara los días que aún le quedaban de vida en prepararse para la muerte. Le propuse no malgastar esos valiosos momentos en hospitales y tratamientos que ya no podrían curarlo y, más bien, los dedicáramos a un trabajo espiritual.

Recibir esta noticia no es fácil para nadie, en especial si se tienen hijos jóvenes. Pero Arturo era muy inteligente y, a pesar del dolor, comprendió que debía dirigir sus esfuerzos a preparar lo mejor posible ese viaje que pronto emprendería. Se necesita coraje para tomar esta decisión. Interrumpir tratamientos, así ya no ofrezcan ningún resultado alentador, no sólo es un acto de valor sino también de profunda fe y entrega a Dios; es un acto de aceptación y de humildad.

Sin duda, ésta fue una de las determinaciones más difíciles de enfrentar ante sus hijos, su esposa y sus padres. Luego de explicar y argumentar sus razones, la familia lo acompañó en su decisión y todos se fortalecieron espiritualmente. Su esposa también compartió conmigo sus emociones: ante la evidencia de los hechos y su impotencia para cambiarlos, sintió la necesidad de aceptar la vida tal y como llega, de adaptarse a ella, de no juzgar el momento y de asumirlo con fortaleza; de este modo, me decía, ayudaría a su marido a desprenderse sin las angustias que produce tanto la cercanía de la muerte como el alejamiento de la familia y de sus hijos pequeños. Yo lo visitaba en las noches para orar, meditar y preparar la mente para ese instante crucial, mientras que él ponía orden en sus asuntos personales y armonía en su campo emocional.

Arturo comprendió con claridad el proceso de la muerte y las etapas para llegar al Cielo. Su esposa se dedicó a acompañarlo incondicionalmente y con gran generosidad a diario le leía bellas meditaciones del texto que le sugerí: *El libro tibetano de la vida y de la muerte*; su cuñada, entre tanto, le ayudaba con masajes que aliviaban sus molestias físicas. De esta manera, toda una red de amor familiar lo envolvía y lo sostenía.

Durante las semanas que vivió después de nuestra conversación, Arturo realizó prácticas diarias de meditación y de reflexión que le permitieron aceptar su destino, acercarse a Dios, comprender aspectos de la vida espiritual que nunca había explorado y lograr estados de bienestar interior que le permitieron morir en paz. Según lo acordado, puesto que yo no estaría cerca en el momento de la muerte, su esposa me llamó y, a través del teléfono celular, le recordé las instrucciones del viaje que estaba emprendiendo. Repetir estas instrucciones en el momento de la muerte[21] resulta muy útil para que el alma logre seguir el camino hacia la Luz.

21　Como lo mencioné antes, la persona que ha fallecido conserva la capacidad de escuchar a través de su oído físico durante unas dos horas después de su muerte.

En esa transición, Arturo tuvo a la familia a su lado: hijos, esposa, padres, hermanos, cuñados, suegra, sobrinos y su mejor amigo, todos lo acompañaron; realmente fue un momento único en el que le ayudaron a llenar de luz su alma y a que se le abrieran las puertas del Cielo para recibirlo.

Las instrucciones aludidas no son nada distinto a las ya expuestas en distintos apartados de este libro: decirle con amor y serenidad que busque la Luz, que no se distraiga en observar lo que ocurre en la Tierra y enfoque su mente en Dios; que reciba a los seres de luz que salen a su encuentro y se deje guiar por ellos en su camino al Cielo; recordarle que mentalmente puede invocar a Dios, sentir Su amor y tener presente que en el Cielo va a mantener el contacto con sus familiares y amigos de la Tierra, y podrá desde allá continuar con su labor de ayuda.

Si Arturo no hubiera aceptado prepararse para ese momento, es posible que continuara en su esfuerzo inútil de buscar una cura ya inalcanzable y la muerte entonces lo habría sorprendido con angustia, con temor y con sentimiento de fracaso. No tendría la mente y el corazón enfocados en Dios, ni habría resuelto sus asuntos personales y laborales. Esto impediría un viaje "directo" al Cielo y, probablemente, permanecería semanas o meses en los estados intermedios, mientras aceptaba su muerte y se perdonaba por no haber puesto a tiempo sus asuntos en orden.

Dedicar esas preciosas semanas a la tarea de preparar su muerte le evitó a la familia el dolor de ver sus enormes esfuerzos por mantenerse con vida; logró crear una atmósfera espiritual que conjuntamente los acompañó y fortaleció el amor, el cariño, la mutua aceptación y admiración. Estableció también una hermosa conexión con Dios.

Tomar la decisión de aceptar la muerte cuando resulta ya inevitable no es cobardía ni fracaso; es una sabia determinación. La muerte, insisto, es el parto del alma al Cielo, así como el nacimiento es el parto del alma en la Tierra. Prepararse para una muerte inminente es tan importante como lo es para una mujer embarazada tomar el curso psicoprofiláctico que le permite obtener un claro conocimiento de lo que va a ocurrir en el alumbramiento y de cómo debe colaborar en él, procurando, además, contar con un buen médico o partera dispuestos para atenderla. Si no hace esto con antelación, el parto puede tornarse complicado. Si se prepara, es muy probable que dar a luz se convierta en una bella experiencia, aunque, en muchos casos, algo dolorosa. Este dolor es transitorio y eso lo sabemos casi todas las madres. Nunca iguala la belleza de abrazar y sentir a nuestros pequeños bebés.

Eso fue lo que ocurrió con Miguel, otro paciente, en este mismo sentido excepcional. Años atrás había superado un cáncer con enorme valentía, pero luego le fue detectado un nuevo tumor –diferente al anterior– para el cual no había tratamiento. Ante esa noticia, le sugerí seguir la dieta estricta del doctor Gerson,[22] que ha permitido a muchos pacientes en el mundo recuperarse del cáncer y de otras graves enfermedades. Era tal vez su única oportunidad para lograr vivir. A la siguiente consulta llegó como siempre amable y cortés, aunque mucho más delgado; yo sabía que esta pérdida de peso era fruto de la enfermedad y no de la dieta. Comprendí que me estaba equivocando al insistirle en que siguiera un régimen extremadamente exigente, sin poderle garantizar el éxito. Entre tanto, le haría perder un valioso tiempo que bien podría emplear en prepararse para su viaje a otra dimensión.

Tuvimos una maravillosa charla. Comentó después que había sido la mejor de sus consultas conmigo. Era un hombre académico y, a la vez, un excelente profesional en su ramo; inteligente y de mente abierta. Hablamos de la muerte con tranquilidad, sin prisa, sin temor... Olvidamos la dieta y nos dedicamos a pensar cómo

---

22 Gerson Charlotte y Bishop Beata. *Terapia Gerson*. Cura del cáncer y otras enfermedades crónicas. Bogotá: Editorial Furmansky, 2011.

podría ser una buena muerte. Conversamos sobre las creencias de diferentes culturas y le sugerí algunos libros. Me contó historias de su infancia y de su juventud y cómo sus tías lo habían educado en la metafísica y en diversos tópicos de la espiritualidad sobre los cuales jamás volvió a hablar; ni siquiera con su esposa había compartido estas reflexiones. Todo cuanto yo le planteaba sobre la muerte y las dimensiones del Cielo lo había estudiado ya en sus años juveniles; de esta manera, nuestra conversación fue más bien recordar lo que sus seres queridos, ahora en el Cielo, le habían enseñado.

La Repetición del Nombre de Dios

Nos reunimos con Miguel y su esposa Lucía, e hicimos un plan de práctica espiritual con lecturas cortas, ejercicios concretos de meditación y oración, ahora introduciendo en la dieta lo que él deseara comer, que en verdad era muy poco. Ordenó sus asuntos personales y profesionales, y, una vez hecho esto, dedicó su tiempo al orden interno. Su esposa lo asistió durante las siguientes semanas con amor y dedicación ejemplares; esto exige gran valor y permanente esfuerzo, como lo saben quienes han acompañado a alguien que está preparándose para partir al Cielo. Toda la atención se centra en la persona que pronto se marchará y quien la cuida, desde algo tan recóndito e invisible como es el alma, obtiene la energía requerida para consolar, administrar los medicamentos, adivinar qué le molesta, atender las visitas, hacer masajes, cambiar con frecuencia las almohadas, poner cojines para ayudar a superar la incomodidad del cuerpo, seguir las recomendaciones de los médicos, comprender cuál comida le gusta y cuál no, aceptar los silencios, orar o simplemente llorar sin que se note…

Lucía se convirtió en su ángel de compañía. Miguel le pedía que le repitiera muchas veces al día una preciosa meditación aconsejada

en *El libro tibetano de la vida y de la muerte:* una antigua práctica tibetana denominada Powa en la cual la persona imagina que reúne
toda su energía en el centro del corazón, como si soltara los miles
de hilos de energía que lo unen al cuerpo y allí se transformaran
en un pequeño sol brillante en el que centra toda su atención y
su conciencia. Luego visualiza a Dios al frente como una gran
Luz de amor (o la figura de Jesús, o aquella que corresponda a
su creencia personal) y se imagina que ese pequeño sol sale de su
corazón y se funde en la Luz de Dios. Permanece allí el tiempo
que sea posible, durante algunos minutos —ojalá diez o veinte—,
en silencio, en el centro del amor divino, impregnándose de Su
luz y Su compasión. Si le es difícil permanecer en silencio mental,
es posible ayudar a la mente a enfocarse en Dios repitiendo una
frase corta —jaculatoria para los católicos o *mantram* para hindúes y
budistas— según explicaré más adelante. Finalmente, ese pequeño
sol, lleno de Dios, retorna a su corazón para distribuir paz a lo
largo del cuerpo y hasta el último de sus rincones. Esta breve y
profunda meditación, accesible para cualquiera que desee hacerla,
facilita que en el momento de la muerte la persona pueda soltarse
con facilidad de su cuerpo físico y así llegar directamente a Dios.

A esta sencilla práctica espiritual, frecuente y cotidiana —que
cualquiera puede realizar, aunque no tenga indicios de una muerte
cercana—, le agregamos otra, recomendada por casi todas las religiones y que consiste en repetir una oración corta que contenga
el Nombre de Dios que a cada quien le agrade y le despierte devoción. Cuando estamos enfermos, nuestra mente se distrae con
facilidad; una forma de calmarla y de centrarla radica en repetir
estas breves oraciones —que existen en todas las religiones— en
las que se llama a Dios para pedirle ayuda, guía, refugio, entre
otras peticiones. Son tan sencillas como la frase utilizada por los
peregrinos rusos: "Señor Jesús, ten compasión de mí", o la que
afirman muchos católicos en mi país: "Sagrado Corazón de Jesús,

en Vos confío", o las que emplean los hindúes al pronunciar: "Om Namah Shivaya", cuyo significado es: "Te saludo, señor Shiva".[23]

Igualmente, podemos repetir muchas veces con devoción y concentrados en Dios oraciones como el Padrenuestro, el Ave María o frases espontáneas como "Señor, acompáñame", "Señor, guíame", "Señor, me entrego a Ti", "Señor, eres mi refugio". En lugar de Señor podemos también utilizar cualquier otro nombre de Dios, como Jesús, Padre, Espíritu Santo, Jehová, Alá, Adonai, según sea nuestra creencia personal. Lo ideal es seleccionar una frase que nos centre en Dios, que despierte nuestra devoción y el amor hacia Él, apoyándonos en ella el mayor tiempo posible para así calmar y enfocar la mente. Llegará un momento en el que en la mente repetimos esta frase constantemente y vamos desechando otros pensamientos. Al hacerlo, debemos pensar en Dios, o en la imagen que tengamos de Él; ello abre una conexión espiritual que facilita recibir Su ayuda y Su soporte, no sólo en el instante de la muerte, sino en cualquier momento de la vida. Es suficiente sólo con repetir el Nombre de Dios de la creencia espiritual a la que se pertenece o que hayamos elegido, incluso sin una frase agregada, si este ayuda a posar la mente en Él y a activar la devoción; de este modo se logrará serenidad y bienestar. Encontramos un ejemplo al respecto en una práctica espiritual de los católicos que consiste en repetir centenares de veces el Nombre de Jesús durante momentos especiales de enfermedad o adversidad.

Me permito anotar que Dios es Uno solo, aunque la humanidad lo describa con distintos nombres y apariencias. Esta creencia la comparten no sólo católicos, protestantes, hindúes y hebreos, sino la gran mayoría de religiones del mundo. Se le han dado diversos nombres y formas a la Divinidad. Por ejemplo, en el catolicismo podemos orar a Dios como Jesús, Padre, Espíritu Santo o Niño

---

23 Shiva: uno de los muchos nombres de Dios, en este caso en el hinduismo. Corresponde al aspecto trasformador y renovador de la Divinidad.

Jesús, entre otros; aunque son formas y denominaciones distintas, sabemos que es el mismo Dios. Los atributos que cada uno le reconozca despiertan distinta devoción, según la afinidad que nuestro corazón tenga con cada uno de estos aspectos de la Divinidad. Así, a algunos les resulta más amable orar al Niño Dios o al Divino Niño que hacerlo a Dios Padre, en razón de sus propios conceptos de "niño" y "padre". Esto ocurre igualmente con la trinidad hindú, o con los distintos Budas en el budismo. En efecto, hay muchas mentalidades y múltiples senderos para llegar a Dios. Él permite que nos acerquemos mediante cualquiera de Sus atributos que sean afines a cada creyente. Por ejemplo, en India, algunos prefieren invocar a Vishnú, el aspecto de la trinidad hindú que otorga protección, prosperidad y estabilidad; otros le oran a Shiva, asociado con la transformación personal y la capacidad de liberarse de los deseos inadecuados –requisito indispensable para alcanzar la liberación del sufrimiento–; y unos más se acercan a Brahma, quien representa el lado creador de la Divinidad.

A través de la historia de la humanidad, para millones de personas esta práctica ha sido y es la herramienta más sencilla para acercarse a Dios y trasformar sus vidas en oración permanente, a la vez que brinda un extraordinario apoyo en el momento de la muerte. Gandhi le daba gran importancia a este ejercicio anímico que aprendió desde pequeño y lo aconsejaba como el fundamento de una vida espiritual. Afirmaba que la Repetición del Nombre de Dios –Namasmarana en el idioma védico– le ayudaba a manejar sus temores; a los católicos los invitaba a repetir frecuentemente el Nombre de Jesús. Desde esta perspectiva es reconocido el hecho de que, en el momento de morir tras las balas disparadas por un fanático religioso, este líder insigne exclamó: "Rama, Rama, Rama", y luego expiró. Ese era el Nombre de Dios que él amaba;

fue un avatar[24] que encarnó la rectitud, virtud modelo en Gandhi. Para la religión hindú, como para otras, tener el talento de morir con el Nombre de Dios en los labios implica que, en ese instante, la mente está centrada en Él, y así podrá fundirse más fácilmente en la Divinidad; distinto sucede si se está pensando en otros seres, cosas o situaciones que pueden atarnos al mundo, justo en ese momento en el que todo debería ayudar a liberarnos.

Múltiples emociones pueden embargarnos en el momento de la muerte, y la capacidad de centrar la mente en Dios no se adquiere de un día a otro; menos aún en el instante complejo del fallecimiento. Repetir mentalmente y con frecuencia el Nombre de Dios mientras se realizan actividades cotidianas —vestirse, comer o durante el aseo diario o el desplazamiento; cuando se llevan a cabo labores silenciosas tales como arreglar la cama, lavar o cocinar; en las pausas del trabajo, así sean de pocos segundos— es un ejercicio que va conformando un hábito mental que permite disolver la tendencia hacia pensamientos destructivos e inútiles. Esto marca la diferencia entre poseer o no paz interior, además de facilitar el contacto con Dios. En Oriente señalan que es la mejor, la más sencilla y la más potente práctica espiritual, accesible a cualquiera que quiera llevarla a cabo.

Ignoramos cómo será nuestra muerte y qué pensamientos o emociones surgirán en ese momento; tampoco sabemos si será repentina o si estaremos esperándola. El ejercicio señalado ayuda a entrenar la mente para estar serena en el instante del desprendimiento del cuerpo y, sobre todo, enfocada en Dios. Así es entonces más probable que se dirija a Su Luz y a Su Presencia, que acepte envolverse en el amor incondicional de la Divinidad.

Miguel, apoyado por Lucía, practicó estas sencillas disciplinas espirituales durante las pocas semanas que tuvo de vida luego

---

24 *Avatar* significa descenso. En el sentido religioso, es el descenso de la Divinidad a la Tierra. Rama fue una expresión de Dios en la Tierra. Jesús fue un avatar, en la acepción que dan los hinduistas a esa palabra.

de nuestra conversación sobre su cercana muerte. Cuando iba a visitarlo, invariablemente encontré a un hombre apacible, amable y sonriente, a pesar de los malestares físicos inherentes a su enfermedad, que se hicieron más llevaderos gracias al manejo de su mente y a la ayuda invaluable de su esposa y sus hijos. Mediante su meditación, la Repetición del Nombre de la Divinidad y las lecturas frecuentes de textos que sosegaban su mente, procuraba mantener sus pensamientos en Dios. Cuando me reunía con él, meditábamos juntos, además de practicarle el trabajo médico que le ayudaba a mitigar sus dolores, combinando elementos de medicina clásica y alternativa que suelen favorecer el bienestar del paciente.

El día antes de su partida, aún consciente, junto con su familia, hicimos una práctica del Powa: imaginamos que los hilos que unían su alma al cuerpo físico se aflojaban de tal manera que, en el momento en que Dios lo dispusiera, pudiera desprenderse con suavidad de ese cuerpo que le había sido útil por muchos años, pero que ya de ninguna manera podía sostenerlo. Miguel estaba listo, dispuesto para el encuentro con Dios, que, con ayuda de sus meditaciones diarias, había recreado multitud de veces. El alma tenía ya abierto el sendero que debía transitar.

La mente es una herramienta médica poderosa. Múltiples estudios han demostrado que las imágenes mentales cambian la fisiología del organismo positiva o negativamente, según sea la imagen que hayamos construido. Hipnosis, imaginería, meditación y demás usos favorables que podamos dar a la mente y a nuestro inconsciente son hoy prácticas empleadas de manera científica en muchos países. Las utilizaban las antiguas medicinas y han sido retomadas ahora por varias ramas de la ciencia contemporánea. El lado opuesto de la moneda, es decir, cómo la mente puede volverse nuestro más hábil enemigo, también resulta cierto. Tenerla de nuestro lado es mejor y, al final de la vida, resulta de vital importancia.

Miguel la tuvo de su lado porque decidió entrenarla en prácticas espirituales, y pudo partir acompañado por su familia, quien le ayudó no sólo con su amor incondicional y la gratitud que le expresaron diariamente, sino con los consejos que le dio su esposa de ir hacia la Luz, de dirigirse a Dios.

Si bien toda partida produce un inevitable dolor, este sentimiento puede mitigarse con la paz que se logra al haber acompañado de la mejor forma posible a nuestro ser querido. Eso fue lo que experimentó la familia de Miguel: una mezcla de congoja y sosiego y el consuelo inmenso que emerge al saber que ya él se encuentra en un lugar maravilloso. Aferrarse a esta idea, a los buenos recuerdos, a la gratitud y a todo lo bueno que guardamos en el corazón, impide que la inevitable pena se convierta en sufrimiento devastador.

Tanto Miguel como Arturo invirtieron un tiempo precioso en prepararse para el viaje que los condujo a una dimensión espiritual. Lo hicieron en un lapso corto y lograron dar ese paso con inmensa tranquilidad y acompañados por su familia. Aunque no eran practicantes espirituales explícitos, a mi juicio, realizaban una de las principales prácticas humanas: obraban bien. Éste es el verdadero fundamento de la espiritualidad, más importante incluso que creer en Dios. Pareciera un planteamiento absurdo, pero lo es más afirmar que se cree en Él y, a pesar de ello, no obrar con bondad. Una crítica certera a las religiones cuestiona que sus seguidores con sus obras y su proceder no sean ejemplo de lo que dicen creer. Es por esto que la espiritualidad puede diferir de la religiosidad; la persona espiritual posee valores éticos que van más allá de asistir a determinados rituales en templos, mezquitas o iglesias, lo cual no significa que quienes participan de tales ritos y a su vez procuran llevar una vida recta no reciban infinitos beneficios. Lo contrario es una burla a la verdadera religiosidad, en cuanto esta debería siempre desplegarse entrelazada con la espiritualidad.

Ese buen actuar –espiritualidad implícita– permitió que Miguel y Arturo pudieran fácilmente llevar a cabo un trabajo espiritual explícito como orar, meditar, hablar con Dios y prepararse para el gran encuentro con la Divinidad; eran prácticas que antes no hacían parte de su rutina diaria pero que pudieron incorporar muy rápido, con la inteligencia de quien comprende qué es lo esencial y qué lo secundario en cada etapa de la vida.

La importancia del perdón

Pocas situaciones resultan tan exigentes como acercarse a alguien a ofrecer excusas por haberle maltratado, elevado la voz o criticado… Nada moldea tanto el carácter como este acto de humildad sincera.

Cuando acompaño a mis pacientes en este proceso crucial y sagrado de prepararse para la muerte, encuentro que tan pronto comprenden y aceptan esta realidad, un halo de sosiego los envuelve. Ya no es necesario luchar para atajar el mar, se puede navegar en él; la perspectiva cambia y comprenden que irán a un lugar maravilloso que su alma les permite vislumbrar. Las personas de mente abierta captan que no van a desaparecer sino a expandirse; que sus vínculos con la familia no se rompen; que lo construido acá se fortalecerá allá. Cuando, como en los casos antes descritos, existe amor de por medio y la familia los apoya y acompaña, esos vínculos se colman de ternura y afecto, de tolerancia y perdón. Perdón, porque todos guardamos recuerdos de pequeños o grandes roces con los seres cercanos, de pequeñas o grandes decepciones. Perdonar, silenciosa o explícitamente, hace más fácil el proceso de aceptación de la partida, ya sin el peso de la culpa en el que se marcha o en quien se queda.

Es necesario hablar sobre nuestros sentimientos, agradecer, ofrecer excusas, aclarar actos no comprendidos, perdonar, dar instrucciones sobre nuestras posesiones... Todo esto aligera el viaje, cuando se puede anticipar. Y como sabemos de antemano que hemos de morir, no sobra nunca, repito, hablar con sencillez sobre estos temas. Estas conductas no deberían darse sólo cuando tenemos cerca la muerte; resultan útiles en cualquier momento pero, por extraños motivos de la naturaleza humana, son infrecuentes; las dejamos sólo para aquellos instantes cruciales.

Los judíos celebran cada año el *Yom Kipur*, el Día del Perdón. Para prepararse adecuadamente, se acostumbra pedir perdón a las personas que uno haya ofendido o herido durante ese año. Me encanta esta recomendación. Si se hace con honestidad, tengo la certeza de que uno mejora año tras año su comportamiento; pocas situaciones resultan tan exigentes como acercarse a alguien a ofrecer excusas por haberlo maltratado, elevado la voz o criticado. Nada moldea tanto el carácter como este acto de humildad sincera. Si las faltas cometidas son mayores, como engañar o hurtar, y se tiene la valentía para reconocerlo, para ofrecer disculpas y para procurar reparar el daño, tanto más valioso resultará el acto. El efecto de esta práctica reiterada llevará a que luego se piense dos veces antes de dejarse llevar por la impaciencia o por el impulso de obrar mal. En especial, permite estar libre de culpa, uno de los peores pesos, y lograrlo en el momento de prepararse para esa transición que significa la muerte.

En síntesis, lo que he comprendido con los pacientes a quienes acompaño en esta etapa de preparación es que, cuando se abren a la Presencia de Dios y aprenden a percibir Su Amor, logran perdonarse sus errores y sus faltas con facilidad. Igualmente perdonan a otros. Dejan los pesos de la culpa y, en lugar de revisar insistentemente su pasado buscando cuanto de malo hicieron o les hicieron, se enfocan en acercarse al Amor de Dios, se centran en lo positivo de sus vidas, y entienden que en la otra dimensión continuarán un proceso evolutivo donde tendrán oportunidades de mejorar sus fallas y sus fracasos, los cuales asumen entonces como parte del proceso normal de aprendizaje.

Muerte repentina

Tal vez a muchos lectores les ocurra lo mismo que a mí al viajar en avión, cuando los auxiliares de vuelo dan las instrucciones de rutina por si hubiera que usar las máscaras de oxígeno en una situación de emergencia o por si el avión se precipitara al mar. Son tantas las veces que las he escuchado que, mientras repiten estas indicaciones, mi mente se distrae pensando en otra cosa. En ocasiones me pregunto si no sería útil tener bien claro lo que se debe hacer, en lugar de abstraerme y, en unos instantes, repaso mentalmente cómo ponerme la máscara y recuerdo que debo inflar el chaleco fuera del avión. Así, quedo tranquila y pienso que lo importante, además de esto, sería estar calmada y silenciosa en un evento de esta naturaleza.

Cuando algo se ve o se escucha decenas de veces, se incorpora paulatinamente a nuestro inconsciente y, en el momento necesario, emerge como una acción refleja. De aquí el entrenamiento que reciben los médicos, pilotos, rescatistas o militares, entre otros, para actuar en momentos de urgencia, el cual consiste en repetir insistentemente la forma correcta de responder ante un suceso específico. De tal manera, cuando el evento sucede, por lo general de forma intempestiva, la persona bien entrenada reaccionará adecuadamente desde sus respuestas automáticas, condicionadas por un entrenamiento ejecutado a conciencia y con regularidad.

En Oriente se cultiva la tradición de entrenar la mente para el momento de la muerte. El budismo y el hinduismo lo hacen desde hace miles de años pues, para ellos, el estado mental en el momento de morir marca, como huella en cemento fresco, las tendencias mentales con las que renacerá la persona en su siguiente ciclo de vida. Así explican estas religiones por qué algunas personas nacen con más habilidades para las matemáticas, otras para la historia o las artes, mientras que algunas traen talentos en diversas áreas. Sucede lo mismo con las capacidades para el manejo de las relaciones interpersonales, los sentimientos y las emociones. Son realidades, según ellos, originadas en el cúmulo de recursos personales almacenados vida tras vida, tales como creencias, tendencias, conocimientos, talentos, gustos, deseos y anhelos.

Mediante la conciencia podemos, en cada ciclo de vida, mejorar nuestros recursos. Aunque la persona no sea consciente de qué trae de existencias pasadas, según budistas e hinduistas, en esta vida puede ampliar sus conocimientos, revaluar creencias y refinar talentos, sin importar la edad que se tenga, pues cualquier aprendizaje servirá para la siguiente encarnación.

¿Cómo entrenar la mente para morir, en especial si esto ocurre súbitamente? Ello implica conocer con antelación las etapas que se suceden al morir el cuerpo físico, a las cuales ya me he referido en este libro. No obstante, hago énfasis en que, al darse cuenta de que se ha desprendido del cuerpo, la persona debe buscar la Luz y a los seres que pueden acompañarla en el camino, y acercarse a Dios en la forma y nombre por los cuales ha cultivado devoción. Independientemente de cuanto suceda con el cadáver, es conveniente procurar tener la mente serena, aceptar lo que ocurrió y, cualquiera que haya sido su vida y los errores cometidos, buscar el Amor y la Compasión Divinas, para entonces no quedarse un tiempo innecesario atrapada en los estados intermedios. Esto último podría ocurrir por sentimientos de culpa o por sufrimiento emocional intenso en el trance del fallecimiento, que impiden ascender pronto a niveles de paz y armonía en dimensiones espirituales más elevadas.

Por este motivo, diversas religiones señalan que un solo instante es suficiente para salvarse. Considero que se refieren a ese momento en que el alma decide buscar a Dios, desatando su apego a los seres y las cosas terrenales. Ya en el Cielo podrá brindar su ayuda a quienes se quedan en la Tierra, si se encuentran dispuestos a recibirla. Ese instante, el de buscar a Dios, o la Luz, puede ocurrir en diferentes momentos después de la muerte y, mientras más claro se tenga este recorrido, más probabilidades existen de que el alma tome rápidamente esta decisión, para así no detenerse en los estados intermedios, intentando inútilmente consolar o ayudar a los que deja atrás.

Detalles cotidianos

Creo que la mayoría, si no todos, anhelamos para nosotros y nuestros familiares poder morir en una atmósfera de paz, sin dolor ni sufrimiento, y tal vez rodeados por quienes nos quieren, en un ambiente de amor. Pero esto no siempre ocurre. La vida cotidiana no se detiene, trascurre sin importar qué tan gravemente enfermos estemos, y no nos transformamos en ángeles sabios que controlamos a perfección emociones, sentimientos y pensamientos cuando vamos a partir; por el contrario, la mente se agudiza en ese momento y los estímulos externos cotidianos pueden resultar muy molestos.

"Es muy importante que las personas que atienden al moribundo sepan que su mente se encuentra en un estado delicado, deberían procurar no perturbarlo —hablando en voz muy alta, llorando o manipulando objetos descuidadamente— creando en lugar de ello un entorno apacible."[25] Esta cita del Dalai Lama describe un aspecto humano del escenario sagrado de la muerte. Señala que la mente del enfermo en ese momento es frágil y sus sentidos perciben la realidad distorsionada: sonidos, imágenes, movimientos, temperatura

---

25 Dalai Lama con Jeffrey Hopkins, *Acerca de la muerte*. Barcelona: RBA, 2003. pag 91

y demás sensaciones que provienen del ambiente no pasan por el filtro con el que nuestro cerebro nos protege de ese medio externo; muchos estímulos pueden percibirse en forma muy distinta a como se captan normalmente. Es posible que el enfermo solicite que le cambien las almohadas una y mil veces, que lo ayuden a moverse en la cama y que, al brindarle esta asistencia, se queje de dolores cuando apenas lo tocan; es factible que se impaciente con un perfume o con un tono determinado de voz; o quizás se irrite o se deprima cuando no se le entiende al hablar, al no contar ahora con la fuerza suficiente para hacerlo con claridad.

Comprender esto resulta de vital importancia pues, insisto, es deseable que en el momento de la muerte la mente esté tranquila y no se requiera de un esfuerzo adicional para calmarla si los sentidos, exacerbados por la enfermedad, se encuentran perturbados por el medio externo. Si nos corresponde ser cuidadores, es oportuno tener esto presente para llenarnos de amorosa paciencia y no asumir en forma personal alguna reacción brusca de quien atendemos, en aras de facilitarle un final sosegado y una muerte apacible.

El desprendimiento del cuerpo de energía, en particular en las enfermedades de larga duración, es paulatino, ocasionando síntomas asociados a la pérdida de energía y por tanto a la disminución de fuerza: debilidad en las piernas o sensación de un gran peso en los pies que dificulta caminar o sostenerse en pie; frío en el cuerpo que no mejora con las medidas usuales para calentarlo; sensación de sequedad; dificultad para ingerir el alimento; imposibilidad para hablar con fluidez e incluso para respirar; distorsión de la visión y de la audición... Son señales que, en lugar de deprimirnos, deben aceptarse con inteligente resignación y han de llevarnos a recibir con agrado las ayudas que puedan brindarnos los familiares y el personal que nos asiste; de esta manera, podremos dedicar nuestra energía a lo esencial: calmar la mente, enfocarnos en Dios cuando esto sea posible y comprender que nuestro ritmo externo debe cambiar para darle prioridad a nuestro mundo interior.

Algunas recomendaciones puntuales para alcanzar un buen morir

- Procurar llevar una vida con buenas acciones.
- Tener presente que, en los momentos finales, podremos tener sensaciones corporales inusuales, producto del desprendimiento paulatino del cuerpo de energía.
- Realizar con frecuencia prácticas espirituales como la meditación Powa, la Repetición del Nombre de Dios, y mantener relaciones de cercanía con Él. Existen, además, otras meditaciones y oraciones aconsejadas por diferentes credos y culturas; es importante practicar aquellas con las que cada uno se sienta cómodo y vinculado con el Amor de Dios y Su Presencia. En el budismo, esto equivaldría a invocar a Rigpa, la naturaleza compasiva de la Mente Universal, en la cual debe uno fundir su mente para liberarse del sufrimiento en el instante de la muerte, o en el momento de la iluminación. Son prácticas que ayudan a tener una mente serena durante la transición.
- Recordar que la muerte es sólo del cuerpo físico. Cuando este muere y se tiene conciencia de seguir vivo en un cuerpo energético, debemos buscar a Dios, pedir Su guía para encontrarlo, repetir Su Nombre y solicitar a los seres de luz que nos conduzcan al Cielo.
- Evitar quedarse atrapado en sentimientos de culpa, apego, rabia, temor o cualquier otro igualmente negativo. Confiar en el Amor de Dios para facilitar nuestro encuentro con Él y hacer en Su Presencia la revisión de vida.

- Si se tiene la fortuna de estar acompañado por alguien con experiencia y manejo del mundo espiritual, dejarse guiar por sus consejos para ir hacia la Luz al desprenderse del cuerpo físico, recordando que es posible escuchar la voz de nuestros seres queridos por unas horas después de fallecido.
- Confiar en que, independientemente de las faltas y los errores cometidos, si hacemos conciencia de ellos, en la dimensión espiritual recibiremos el perdón de Dios, junto con la ayuda y dirección para repararlos. La justicia divina es amorosa y conoce bien el corazón de cada uno de nosotros.
- Recordar que podemos ayudar mejor a quienes se quedan en la Tierra cuando ya hemos accedido a la dimensión del Cielo, sin quedarnos en planos intermedios.
- En la medida en que nos sea posible, dejar instrucciones claras sobre cómo deseamos que se disponga de nuestro cuerpo físico, elaborar ahora un testamento y tener en orden los distintos aspectos legales.

Y un último recordatorio: la persona puede estar en coma en el momento de la muerte, o sedada por medicamentos. Sin embargo, esto no implica que, antes de entrar en ese estado, no haya podido realizar una buena práctica espiritual. Aunque su cuerpo físico esté inconsciente, su ser interno puede llevar a cabo la acción necesaria para un buen morir.

Rituales para el cuerpo físico

Antiguamente, algunos budistas recomendaban no enterrar o incinerar el cadáver antes de transcurridos tres días después de la muerte, con la idea de tener la certeza de que la energía vital se hubiese desprendido por completo del cuerpo físico. Creen que, luego de estas setenta y dos horas, con certeza se ha llevado a cabo el desprendimiento, luego del cual aceptaban que el cuerpo fuera cremado o dispuesto en la forma propia de cada región. Por este motivo, sé que algunas personas en Occidente insisten en esperar tres días antes del entierro o cremación. Personalmente creo que para nosotros es muy difícil considerar esta posibilidad. Sería extenuante recibir por tanto tiempo los saludos de pésame y los abrazos de consuelo, narrar decenas de veces lo ocurrido, controlar el dolor continuamente, ver el féretro y saber que, en la forma en que lo hemos conocido, no volveremos a ver vivo a nuestro ser querido. Si esta experiencia es de por sí fatigosa por uno o dos días, durante tres sería realmente agotadora. No le encuentro sentido en nuestra cultura, excepto para esperar a que llegue un miembro de la familia, y, aun así, lo considero innecesario cuando se puede hacer luego un ritual como la misa con las cenizas para recordarlo, sin tener el cuerpo del difunto presente.

Asisto con frecuencia a los servicios funerarios de mis amigos y pacientes y observo cuidadosamente si su cuerpo vital está aún unido al físico para evaluar si, en nuestro medio, el antiguo consejo de los budistas tiene algún sentido. Definitivamente, opino que no. Sólo en una ocasión vi el cuerpo vital todavía adherido al físico, flotando a su alrededor. Esto no significa que el cuerpo físico estuviera vivo, sino que su antigua dueña no quería soltarlo. Oré por ella, le mostré lo inútil de su esfuerzo y la insté a buscar la Luz de Dios. Hablé con sus hijas para que, a su vez, la dejaran ir y les encarecí que se comunicaran mentalmente con ella, pidiéndole que no hiciera más esfuerzos por volver sino que, al contrario, se elevara a la dimensión del Cielo donde podría comprender mejor cómo ayudar a la familia. Percibí cómo, lentamente, se desprendió del cuerpo y, luego de observar lo que ocurría en la sala de velación, desapareció.

Luego de esta experiencia, nunca más he visto el cuerpo vital adherido aún al físico, así que creo que cada familia puede elegir cuándo y qué ritual realizar para despedirlo, procurando que no resulte muy largo o agotador. Con frecuencia sí veo a la persona fallecida observando lo que ocurre, detenida en los estados intermedios a los que ya nos hemos referido, como quien hace una escala en su viaje, percibiendo el mundo en una forma a la que no estaba acostumbrada, mirando cuanto sucede en su funeral. Esa experiencia es la antesala de la revisión de su vida. En el sitio de velación y durante la ceremonia –sea una misa, un rezo, o lo que acostumbre cada familia conforme al credo que practique– comienza a recibir lo que sembró. Puede ser agradecimiento, cariño, afecto y admiración; o frialdad, alivio por su partida, comentarios despectivos y amargura; o quizás reclamo por su muerte, dolor y desamparo. Escucha y percibe aunque, por lo general, no puede ser escuchado ni percibido. Capta también los sentimientos y emociones que irradian los asistentes al velorio.

Usualmente oro y les sugiero a quienes recién emprenden el viaje, en especial si tenemos esa relación de afecto que se ha construido entre médica y paciente, que obvien esta etapa de quedarse observando a quienes dejan atrás y no se detengan en su marcha hacia la Luz. Allá en el Cielo les llegará el cariño, el amor y la gratitud que les envían sus seres queridos; además, les recuerdo que cualquier otra revisión de vida en la que se destaquen sus falencias es mejor llevarla a cabo en presencia de Dios que en la sala de velación.

Si la persona fallecida efectuó su paso correctamente, la observo durante el funeral en su cuerpo de luz –aquel que veo cuando ya realizó lo que denomino una reconfiguración de su cuerpo de energía en el plano espiritual– irradiando gratitud a quienes acompañan su cuerpo en ese momento difícil pero sagrado. Se desplaza cerca de sus familiares y amigos, recibiendo su amor y comprendiendo el dolor o la tristeza que los embarga.

Esto es algo que podemos tener en cuenta en el momento en que nos corresponda morir. Ir primero a la Luz y luego atender lo que ocurre en el plano terrenal. Como en algunas emergencias de los aviones: primero póngase su máscara de oxígeno y luego auxilie a los niños. Al desprendernos del cuerpo, no perdemos la curiosidad ni las emociones. Puede que queramos saber qué ocurre con nuestros allegados, cómo nos despiden, etc. A muchos difuntos, el apego tan fuerte hacia su familia, sus amigos y sus posesiones —a pesar de tener conciencia de estar muertos— los lleva a quedarse observando qué ocurre, qué se dice, qué se hace con sus pertenencias. Esto puede tomar días o semanas, perdiendo la bella oportunidad de llegar pronto al lugar de descanso que les corresponde en el plano espiritual.

Puede ser útil, incluso si no hay enfermedad grave, hablar con los familiares cercanos sobre nuestras preferencias en cuanto a donar los órganos y a cómo quisiéramos el funeral; así se impide que tengan que adivinar lo que nos gustaría. Es valioso e importante decirles si deseamos ser cremados o enterrados; si nos agradaría una ceremonia religiosa o no; aclarar qué deben hacer con las cenizas o con el féretro, descartando la idea errada de que esta conversación esté atrayendo la muerte antes de tiempo. Desmitificar la muerte nos permite ir disolviendo los temores al respecto para así enfrentar lo más difícil del proceso: la tristeza ante la pérdida del ser querido; esta se afronta mejor al aclarar qué ocurrirá con quien se marchó o, si es a uno al que le corresponde partir, comprendiendo que en el plano del Cielo estaremos colmados de un amor que no alcanzamos a imaginar. Ciertamente, este reparará la tristeza y, si existe un compromiso explícito con nuestra familia de mantener el vínculo, tendremos una hermosa tarea para ejecutar desde allá.

13

EL CIELO: ¿UN LUGAR?, ¿UN ESTADO DE CONCIENCIA?

*Lo excepcional fue la sensación de ser
profundamente amada por alguien a quien no veía
pero tenía la certeza de que estaba cerca:
la Madre Divina*

Supongo que desde niños, por lo que escuchábamos, por los cuentos que nos narraban y por lo que leíamos, muchos fuimos creando un imaginario sobre lo que era el Cielo. Para mí era un lugar que se situaba en un espacio misterioso, que suponía arriba de mi cabeza, *muuuy* arriba, donde no llegaban cohetes ni aviones pues pertenecía a otra dimensión. Allí existían seres sutiles y semi-invisibles, como los ángeles, los santos y, por supuesto, todas las personas que habían muerto. Lo imaginaba lleno de luz y, no lo niego, con nubes difuminadas. Desde allí, Dios Padre nos observaba a todos y nos enviaba su hermosa energía divina. Todo me lo imaginaba luminoso, suave, algodonoso, pacífico y hermoso, sin límites, sin piso, suspendido flotando entre las nubes.

Al tener experiencias con mis visitantes del Cielo —a quienes veo con forma humana, con ropa, barba y utilizando anteojos; incluso con perros— me puse a leer descripciones del Cielo, como lo han hecho muchos curiosos sobre el tema. Si bien tengo claro que los cuerpos que observo no tienen densidad física sólida, sí poseen estructura, forma —difuminada, ciertamente, pero es una forma—, colores, movimiento, e incluso a veces los escucho y siento. ¿Sería posible que el Cielo tuviera estructura, forma, colores y, en especial, objetos?

Ninguno de mis visitantes me ha mostrado cómo es el Cielo, pues vienen con otra intención muy clara: ayudar a sus familiares. Por tanto, no puedo decir que a través de ellos he conocido este lugar. Lo que creo saber, lo conozco por una pequeña experiencia que viví, y por las muchas descripciones que he leído en textos de diferentes culturas y épocas. Llama la atención la coincidencia entre las imágenes que se encuentran en dichos escritos, producidas por autores que nunca se conocieron entre sí y que además vivieron en épocas diferentes.

Estas descripciones provienen tanto de los relatos de personas que han tenido una experiencia cercana a la muerte y estuvieron en ese mundo espiritual, como de clarividentes con capacidad para comunicarse con los habitantes del Cielo que escribieron las narraciones que de ese mundo les hicieron algunos de sus moradores. Otra fuente son algunos textos espirituales.

Me sorprendió la semblanza de ciudades de luz, con preciosas edificaciones, jardines de flores maravillosas y música celestial donde viven seres humanos y animales en sus cuerpos de energía. Son relatos hechos por católicos, cristianos, budistas, hinduistas, europeos, norteamericanos, suramericanos, chinos, indios, etc., la mayoría de los cuales compartió sus experiencias a grupos pequeños de amigos y que luego alguien recopiló. Melvin Morse, Elisabeth Kübler-Ross, Sogyal Rimpoché, Raymond Moody y otros autores han hecho preciosos trabajos de investigación sobre el tema.

Los textos espirituales hablan de moradas celestiales. Grupos de médiums, tan distantes como los ingleses y los brasileños, coinciden en haber recibido de habitantes del Cielo una descripción de ciudades existentes en esos reinos espirituales. Según su vida y sus creencias, cada uno irá al lugar más adecuado para continuar su desarrollo espiritual. Describen escuelas, bibliotecas, teatros, universidades, áreas deportivas, incluso lugares de adaptación y recuperación para los recién llegados; también jardines, lagos y campos verdes. Me encantan los deportes y estoy segura de que para muchos el paraíso incluye tener la facilidad de practicar su deporte favorito todas las veces que lo deseen. ¿Fantasías en las que centenares de descripciones coinciden? Un antiguo aforismo señala que "como es arriba es abajo". ¿Es posible que las ciudades en la Tierra sean tan sólo un burdo reflejo de las hermosas ciudades y campos de otras dimensiones?

En lo personal, en India, a fines de los años noventa, tuve una pequeña –y para mí muy significativa– experiencia con alguna parte del mundo espiritual. Desde adolescente practico la meditación y, si bien no creo haber alcanzado los más elevados niveles de quietud mental que desearía, estoy familiarizada con estados de conciencia en los que la mente se encuentra calmada, pacífica, con mínimos pensamientos, sin imágenes mentales o muy pocas (si las hay es porque generalmente las he construido como parte de la meditación).[26] Usualmente lo que siento o percibo es un espacio, por llamarlo de alguna manera, sin límites ni formas, un vacío luminoso donde hay distintos niveles de paz, y vislumbro la presencia de Dios. Muchas veces pensaba que algo así, sólo que mucho más intenso, debería ser el Cielo. Por tener esta idea preconcebida, me impactó lo que me ocurrió una tarde en el sur de India.

Regresaba a mi habitación luego de haber asistido a una sesión de meditación con centenares de personas. Hacía calor y una

---

26   Hay miles de técnicas de meditación; algunas utilizan imágenes mentales y/o *mantrams* o palabras especiales que ayudan al meditador a aquietar y concentrar la mente.

agradable corriente de brisa me refrescaba el rostro. En el camino a mi cuarto había un pequeño templo dedicado a la Madre Divina.

En India se cree, como en las religiones occidentales, que existe un solo Dios. No son politeístas, como le he escuchado afirmar a algunos teólogos occidentales que dicen saber de religiones orientales. Para los hinduistas reina un solo Dios, pero tiene muchos aspectos, y el ser humano puede relacionarse con Él a través de aquel que más le atraiga y le genere empatía o facilidad para despertar su oración y su cercanía espiritual. En Oriente se habla también de su aspecto "Madre", pues piensan que tiene "cualidades" de Padre y de Madre. La psique humana necesita con urgencia ese aspecto femenino de la Divinidad; esto puede explicar por qué en el catolicismo se guarda tanta devoción hacia la Virgen María, a través de centenares de Vírgenes en todo el mundo. Aunque sabemos que es una sola, cada uno le da nombres y atributos diferentes a la imagen concreta que despierta su amor y su devoción.

En la imagen de María, el creyente encuentra consuelo, apoyo, ternura y otros dones que alivian su carga emocional y le ayudan a sentirse comprendido y acogido por una madre. Quizás, por la inadecuada cultura espiritual acerca de un Dios Padre distante, no pueden encontrarse estos atributos en la imagen interna de Dios; por ello se recurre más fácilmente a la Virgen María. Pues bien, en Oriente hay muchas expresiones de la Madre Divina, que simplemente es otra de las muchas facetas de la Divinidad.

Retomando el relato de mi experiencia, recuerdo que, cuando estuve a unos veinte metros del pequeño templo dedicado a la Madre Divina, vi que se hallaba rodeado de peregrinos de muchas naciones que se detenían unos minutos para saludar y honrar a la Madre. No me acerqué más y, luego de apartarme del camino hacia el césped que rodeaba el templo, cerré los ojos para orar yo también unos segundos.

Mientras estaba en ese estado de oración espontánea, de repente me hallé en lo que denominaría otra dimensión, una dimensión paralela, espiritual. Estaba en un enorme prado con grandes árboles detrás de una hilera de arbustos pequeños que a modo de cerca lo bordeaban; era consciente de que mis pies estaban en el césped de un *ashram* en el sur de India, pero una parte mía estaba en otro plano, como si las dos dimensiones pudieran coexistir repentinamente. El prado, los árboles, el pasto, todos eran absolutamente reales y definidos, con bordes nítidos. Mis ojos estaban cerrados, pero en mi interior se había activado una capacidad de ver, muy distinta a la de imaginar. Las figuras que veía eran tan claras y reales como las que he visto cuando camino por un gran parque. El lugar, conmigo incluida, estaba bañado por una luminosidad clara que no cegaba y me permitía observar todo en detalle. Si bien el paraje era bello y sereno, eso en sí mismo no era muy diferente —excepto por la luminosidad— de lo que puede encontrarse en una finca o en un parque natural, en muchos lugares del mundo. Lo excepcional fue la sensación que tuve de ser profundamente amada por alguien a quien no veía pero tenía la certeza de que estaba cerca: la Madre Divina.

Fue un sentimiento inolvidable, que no había experimentado jamás. Así como tenemos sensores para la luz, el sonido, los olores y los sabores, fue como si, en mi interior, los sensores para el amor se hubieran activado; me sentía querida y amada, sin importar si hacía bien o mal las cosas. Era amada por el solo hecho de ser yo. Y ese ser que me amaba me conocía a profundidad, con todos mis aciertos y errores, y, a pesar de ello, su amor por mí y su aceptación no disminuían. No era algo que captara con la mente, no escuché ninguna palabra, sólo sentí e intuí. Por unos minutos, fui llevada a una dimensión celestial, a un prado del Cielo, sin tener que pasar por una experiencia cercana a la muerte.

Comprendo claramente a las personas que regresan de esas experiencias y narran la sensación de haberse sentido profunda e incondicionalmente amadas al acercarse a la Luz o a Dios, insistiendo en que es difícil explicar con palabras su sublime experiencia. La imagen del prado permanece imborrable en mi mente. En los días que siguieron, muchas veces me paré en el mismo sitio donde tuve esa inefable vivencia, cerca al pequeño templo de la Madre Divina; oré con el anhelo de que se repitiera la experiencia, pero esto nunca ocurrió. Había sido un regalo de Ella, una chispa de Su amor, un vislumbre de una de sus muchas moradas.

El universo está lleno de misterios. Muchos de los descubrimientos médicos, tales como la existencia de los microbios causantes de enfermedad, las vacunas, la anestesia, hasta el simple lavado de manos como forma de prevenir las infecciones, recibieron en su época la burla del gremio médico por considerarlos demasiado fantásticos para ser ciertos.... ¡y todo era verdad!

Tengo entonces la esperanza de que cuando deba partir en ese viaje final, al regresar de nuevo al sitio de donde vine a este mundo, pueda aclarar ese hermoso misterio de cómo es el Cielo en realidad. Espero asombrarme y divertirme constatando cómo es la vida en esas dimensiones. No resulta importante si tiene bellas ciudades y jardines, o tan sólo vibraciones de paz, de luz y de amor; lo esencial es que pueda llegar de nuevo a casa, tan rápido como le sea posible a mi alma, en un viaje ojalá sin etapas. Ruego a Dios que pueda hacerlo guiada por Su mano, para reunirme de nuevo con mis visitantes del Cielo, para encontrarme más cerca y más conscientemente con Él.

Quisiera compartir con el lector las experiencias que han vivido algunos de mis pacientes, tanto en su forma particular de elaborar el duelo, como los contactos que han tenido con sus familiares del Cielo. Son hermosos testimonios de vida.

Asimismo, deseo incluir una anécdota que me impactó de un gran personaje de la historia, tres breves relatos de algunos pacientes que han pasado por experiencias cercanas a la muerte, y algunos comentarios de personas que leyeron este texto antes de su publicación, los cuales nos abren más ventanas al Cielo.

Cerramos con inspiradores poemas y algunas lecturas recomendadas para quienes deseen ampliar más su visión sobre los temas tratados en este libro.

La inspiradora experiencia de una madre

De la oscuridad a la luz

Patricia Orozco de Goldstuecker

Patricia es la madre de Mauricio, el primer visitante del Cielo que visualizó la doctora Elsa Lucía. Su texto es muy inspirador para cualquier madre o padre que esté haciendo el duelo de un hijo(a), y para sus amigos y familiares: transformó su dolor en amoroso servicio.

Después de haber pasado por más de dos años y medio de luchas internas a consecuencia de la muerte de mi hijo de diecisiete años, considero que al relatar mi propia historia puedo ayudar a aquellas madres a quienes, por causa de la pérdida de un hijo, les han sido destruidas sus ilusiones y sienten que no pueden volver a ver la vida con el mismo entusiasmo de antes.

Definitivamente, caminar por el dolor es diferente para cada persona. Sólo deseo que tome de esta experiencia lo que le pueda servir para tratar de mitigar su tristeza. Si logro ayudar a que usted vea las cosas un poco más claras, entonces sentiré que ha valido la pena el esfuerzo de escribir estas líneas.

La noticia

Dejé a mi hijo Mauricio en un bus del Ejército con destino al cuartel de reclutamiento donde prestaría su servicio militar obligatorio por un año. Dicho cuartel queda más o menos a dos horas de la ciudad donde vivimos. A pesar de tener visitas y salidas con frecuencia, ni para la familia ni para él fue fácil la separación del hogar.

Llevaba tan sólo seis semanas en el Ejército cuando, en una de sus salidas, durante el trayecto hacia la ciudad, sufrió un accidente de tránsito mortal con cuatro de sus compañeros.

Yo estaba en casa esperándolo. Tenía preparados sus platos favoritos y estaba muy pendiente para salir a recibirlo y abrazarlo de nuevo. Ese momento nunca llegó. Recibí una llamada en la que me informaron que los muchachos habían tenido un leve accidente y por lo tanto se demorarían un poco. Más tarde recibí otra llamada: me dijeron que el accidente había sido bastante grave, pero aún no se sabía cómo estaban.

Luego, cinco de sus compañeros del Ejército llegaron a la puerta de mi casa con expresiones aterrorizadas. Sin necesidad de palabras, comprendí lo que había sucedido. No sé cómo no me desmayé. Recuerdo que respiraba con mucha dificultad pero, poco a poco, tuve que calmarme por indicación de un médico amigo que se encontraba allí en ese momento.

Caí en un estado en el que no sabía si era realidad o sueño lo que me estaba sucediendo; mi tristeza y mi angustia eran tan grandes que experimentaba un tremendo temblor interno, sin que este se notara. Nunca supe si era un estado de *shock*, pero sí sé que fue un trauma indescriptible.

Empezó a llegar mucha gente a nuestra casa como muestra de solidaridad y fue muy importante y reconfortante tenerla ahí, a pesar de no poder disfrutar de su compañía. Las pocas horas que tuve de reposo la primera noche fueron muy tristes, y mi vacío era tan grande que llegué a oír eco en la casa con cada sonido, como si esta se encontrara completamente desocupada.

Al día siguiente fue el funeral de los cinco muchachos del accidente, con muchísima asistencia y todos los honores militares. Cuando regresé a casa, tomé conciencia de que mi hijo había partido para siempre y entonces pensé que no iba a lograr continuar con mi vida, pues parte de ella se había ido con él.

Mi experiencia

Mi primera reacción ante este inesperado suceso fue de amargura. Tenía que enfrentarme a manejar algo que para mí parecía completamente imposible. Cabe anotar que siempre fui una persona fuerte, convencida de ser capaz de organizar y controlar mi vida y la de los que me rodeaban, pero todo se me salió inesperadamente de las manos y me di cuenta de lo frágil y pequeño que es el ser humano.

Aunque yo quería que el mundo se detuviera ante la muerte de mi hijo, todo continuó como si nada hubiera ocurrido.

Sentí el deseo de hablar todo el tiempo sobre lo que había sucedido. También quería hablar sobre la muerte y lo que sucede con las personas que mueren. No me volví a interesar por las noticias, no quise leer más periódicos ni revistas. No volví a oír música ni a ver televisión. No quería saber qué día era, y me daba igual si llovía o hacía sol, si era de noche o de día.

Las primeras dos semanas sentí la necesidad de ir todos los días al cementerio. Me parecía que visitando la tumba de mi hijo estaría más cerca de él. Poco a poco empecé a darme cuenta interiormente de esta realidad. Fue entonces cuando inicié mi camino por el dolor, el cual, a pesar de encerrar tanto sufrimiento, implica también crecimiento y cambio, pues la vida se vuelve completamente diferente para quienes lo atravesamos.

Para soportar este camino, se despertó en mí una necesidad inmensa de encontrar razones para la muerte de una persona llena de vitalidad que estaba dispuesta a iniciar una nueva etapa en la vida, con muchas ilusiones y planes para su futuro.

Visité psicólogos, leí todos los libros que pude encontrar sobre la muerte, hablé con madres que habían experimentado el mismo dolor, lloré mucho y, sobre todo, le pedí a Dios que me ayudara.

Desarrollo del duelo

Pienso que es muy importante, cuando se inicia el duelo, expresar el dolor y la tristeza. No hacerlo indica que la persona se niega a aceptar lo sucedido, o que simplemente ha perdido la voluntad de enfrentar sus sentimientos de angustia. Cuando se está dispuesto a avanzar en el camino del dolor y el sufrimiento es cuando se puede contemplar que la curación de las heridas llegará algún día. La solución al dolor es un proceso de lucha dentro de nosotros mismos. Si se quiere sanar de raíz, no es suficiente el paso del tiempo.

Cada día trae un sentimiento nuevo. Tenemos que estar dispuestos a recibir todo tipo de pensamientos. Recuerdo que los primeros días yo no quería que amaneciera, me despertaba con el cantar de los pajaritos en la mañana y me parecía tan triste que deseé que no existieran y que no hubiera amanecer.

El dolor por la pérdida de un hijo es inmenso, indescriptible. Esta pena es tan grande que nos transporta desde la insensibilidad hasta el vacío y la desorganización; desde sentir que nos consumimos hasta la ansiedad y la tensión; desde la soledad hasta el miedo. Recapacitemos hasta dónde hemos llegado y pensemos que Dios puso en el ser humano mucha fortaleza, por lo tanto no nos resistamos al dolor, asumámoslo y suframoslo para poder emprender el camino hacia la esperanza. La única forma de resolver un duelo, infortunadamente, es experimentando su dolor. Guardar la agonía es reprimirse momentáneamente, pues las angustias se multiplicarán hasta hacernos explotar. Si nos negamos a expresar el dolor, nos negamos a aceptar la realidad de lo sucedido. Y, por el contrario, si nos enfrentamos al duelo, mostraremos una voluntad responsable de sanar.

A veces se piensa, equivocadamente, que el simple paso del tiempo puede sanar el dolor. Esto no es cierto si no se ha procesado y asumido por completo el duelo. Lo que sí es cierto es que el proceso de un duelo también debe culminar. Tarde o temprano nos convenceremos de que el amor por nuestro hijo fallecido no se mide por lo largo que sea nuestro duelo. Saber finalizarlo es lo más difícil del proceso. Cuando nos empezamos a acostumbrar a vivir en duelo, sentimos la necesidad de permanecer en él, ya que parece ser lo único que queda de nuestro pasado con el hijo muerto. La figura del dolor parece estar siempre con nosotras. Es difícil pensar en un mañana cuando aún tenemos dificultad en dejar el ayer. En apariencia, nuestro futuro murió con nuestro hijo. Cuando estamos atravesando esta etapa, no podemos vivir sin nuestros obsesivos recuerdos, y siempre tenemos un pie en el pasado.

El dolor nos cambia, aunque no seamos conscientes de lo que ocurre en nuestro interior. Un día nos daremos cuenta de que no somos iguales. Somos completamente diferentes, para mejor o para peor. Está en nosotras escoger el camino.

El proceso de recuperación puede ser largo. Parecerá que el tiempo no pasa, pero debemos estar agradecidas porque la mano de Dios no nos dejará caer, si así lo escogemos. Aunque caminar con Él no quiere decir que evadiremos la ansiedad, la depresión y la soledad, sí podremos estar seguras de que saldremos adelante y surgirán nuevos aspectos positivos en nuestra vida, que sin el sufrimiento jamás habrían aflorado.

No existe una fórmula para aliviar las distintas vivencias de cada duelo; lo único que se puede hacer es entregarse a Dios para que Él las transforme en sentimientos positivos.

Una de las razones para que el duelo sea lento es la falta de claridad. Cuando no entendemos las cosas, estas van mucho más despacio. La claridad permite que las cosas anden rápido. La confusión hace que nos desesperemos y no da paso al discernimiento.

El dolor nos presiona lentamente a hacer un inventario de nuestra vida, pero sólo a la luz de lo que estamos viviendo, pues para nosotras no cuenta sino nuestro sufrimiento. Blaise Pascal (1623-1662), un gran filósofo, científico y religioso, dijo: "Nunca nos quedamos en el presente. Recordamos el pasado, anticipamos el futuro y, cuando lo sentimos llegar lentamente, lo queremos aligerar o recordamos el pasado para tratar de retenerlo. Somos tan imprudentes acerca de los tiempos que, aunque no nos pertenecen, no pensamos en el único que sí es nuestro: el presente".

No sabemos lo que seremos después de haber atravesado por este proceso. Lo más importante es permitir que Dios sea quien nos guíe, y que pongamos toda nuestra voluntad y paciencia para sobrevivir a la pena.

Un aspecto importante, en el cual tal vez ninguna de nosotras había pensado, es que las madres no somos las dueñas de nuestros hijos. Dios nos los ha entregado para que los formemos, eduquemos y ayudemos en su desarrollo, y luego se los entreguemos a la vida. Dios tiene la prerrogativa de trasladarlos al Cielo en el momento que Él así lo disponga. Nosotras iremos a reunirnos con ellos, pues ellos ya no regresarán para unirse con nosotras. Así lo expresó bellamente el rey David, cuando su pequeño hijo murió: "...yo voy a él, mas él no volverá a mí" (2 Samuel 12:23).

Una familia puede llegar a acercarse como resultado de la muerte de uno de los hijos, o puede separase completamente. Nada permanecerá igual. La muerte de un hijo crea grandes tensiones en un hogar. Es muy importante que las personas dialoguen y traten de sacar todos sus sentimientos para que, unidas, traten de ayudarse y comprenderse. Considero que el cariño mutuo y la comprensión son la base para que exista una sanación profunda y así la familia pueda seguir viviendo, con el recuerdo del hijo que ya no está físicamente, intentando además que ese recuerdo no sea doloroso.

Tenemos que llegar a un punto en el que comprendamos lo que nos dice el salmista: "Tus ojos vieron mi cuerpo en formación; todo eso estaba escrito en tu libro. Habías señalado los días de mi vida cuando aún no existía ninguno de ellos" (Salmo 139:16).

Tal vez cada persona tiene un ciclo diferente de vida marcado desde antes de nacer, y nuestros hijos ya lo completaron. Si es así, debemos pensar que cumplieron con su misión en la Tierra.

El proceso de un duelo conlleva varias etapas: desahogo, descarga, reclamo, apaciguamiento, resurgimiento y esperanza.

Desahogo

En esta etapa debemos estar rodeadas de personas que nos amen y nos hagan sentir amadas. Debemos consentirnos nosotras mismas y no hacer cosas que nos puedan lastimar. No debemos aparentar lo que no estamos sintiendo, ni debemos esforzarnos a situaciones en las que nos sintamos más angustiadas.

En la medida en que hablemos de nuestro dolor y exterioricemos todos nuestros sentimientos, en esa misma medida iniciaremos un camino hacia la sanación. Si sentimos el deseo de llorar, debemos hacerlo hasta el cansancio, y debemos hacer entender a nuestros familiares lo importante que es poder desahogarnos. "Vale más llorar que reír, pues podrá hacerle mal al semblante, pero le hace bien el corazón" (Eclesiastés 7:3).

Descarga

Recuerdo haber tratado de descargar toda la amargura y tristeza que albergaba en mi interior. Recuerdo haber tenido emociones de ira contra la vida, contra la gente y contra mi propio hijo por haberse muerto. Fueron muchos sentimientos encontrados. Pienso que debemos pelear contra la humanidad y contra el tiempo, es sano. Se tienen deseos de gritar y se debe hacer, sin lastimarse. También de salir corriendo hacia el espacio en un cohete y perderse en la inmensidad del Universo. Hay necesidad de deshacerse de todas esas emociones negativas que nos ahogan; la única forma de hacerlo es viviéndolas.

Reclamo

En esta etapa nos preguntamos y reclamamos: ¿por qué a mí?, ¿por qué hay tantas madres que atraviesan esta vida sin llegar a conocer este dolor tan grande?, ¿por qué me tocó a mí vivir esto? Nos preguntamos por qué hay familias completas y la nuestra quedó coja. Me preguntaba también por qué veía tantos jóvenes llevando una vida desordenada a quienes nunca les pasaba nada, a pesar de andar de paseo en paseo muchas veces sin control de sus padres. Mi hijo, a quien creía mantener controlado y cuidado, un día salió de la casa para nunca más regresar. ¿Por qué a unos sí y a otros no? ¿Qué misterio es ese tan grande? Mi hijo, que se cuidaba mucho de los peligros y guardaba recuerdos de su juventud para más adelante en la vida, ¿por qué murió? Es duro hacer este reclamo pero es necesario, y llega el momento de hacerlo una y otra vez, hasta que poco a poco, con el tiempo y la lucha, empezamos a recapacitar y a pensar que no somos tan especiales como para librarnos del sufrimiento. Pensamos que habiendo tantos millones de personas en el mundo que sufren, ¿por qué no vamos a participar en el sufrimiento de la humanidad?, ¿acaso quiénes somos?

Entendemos que todo lo que sucede tiene un propósito, que Dios tiene un plan específico para cada uno de nosotros, a pesar de nuestro libre albedrío, y que en su infinita sabiduría

Él sabe por qué permite que sucedan estas cosas. Es entonces cuando empezamos a aceptar Su voluntad, aunque no la entendamos, y se inicia la calma.

"Porque mis ideas no son como las de ustedes, y mi manera de actuar no es como la suya. Así como el Cielo está por encima de la Tierra, así también mis ideas y mi manera de actuar están por encima de las de ustedes". Dios lo afirma (Isaías 55:8-9).

Apaciguamiento

Cuando no se rechaza el hecho sino que empezamos a aceptarlo, cuando vamos dejando atrás las etapas anteriores y hemos desahogado nuestros sentimientos negativos, nos empezamos a apaciguar. Es entonces cuando nos damos cuenta de lo cansados que nos sentimos y del inmenso deseo que tenemos de permanecer calmados. No queremos pensar más en nuestro dolor, nos sentimos totalmente agotados. Deseamos tener contacto con la naturaleza, visitar sitios apacibles, descansar y pensar que tenemos por delante un camino tranquilo y lleno de esperanza.

Resurgimiento

Un día resolvemos que nuestra obligación y nuestro deseo es vivir la vida que nos queda de la mejor forma posible, haciendo felices a nuestros seres queridos y a nosotras mismas. Decidimos que no podemos ni debemos continuar sumergidas en el dolor. Empezamos de nuevo a tratar de ver el lado bonito de la vida. Nos damos cuenta de que todavía podemos sentir gusto por las cosas y disfrutar de todo lo lindo que tenemos a nuestro alrededor. En ese momento volvemos a sentir interés por lo que nos rodea; nos interesan de nuevo las noticias, las distracciones y, sobre todo, apreciamos el cariño y apoyo de las personas que hemos tenido todo el tiempo a nuestro lado, sin haberlo casi notado.

Esperanza

La esperanza llega. Aunque pensábamos que todo había terminado, un día aparece esa esperanza y viviremos el resto de nuestra vida con ella a nuestro lado: la esperanza de encontrarnos luego con nuestros hijos.

Hay que agachar la cabeza y pensar: no soy nadie para que a mí no me toque el dolor, ni soy nadie para cuestionar o rechazar de plano los hechos. Aprendemos que rechazar la realidad nos hace más daño y sólo nos trae desesperación. En cambio, aceptar los hechos y entregar nuestro hijo a Dios nos ayuda a tranquilizarnos y permite empezar a ver los acontecimientos desde otra perspectiva; ya no con los ojos enfocados en el dolor, sino con la esperanza de que todo sucedió para algo importante, y que nuestro paso por este mundo es un lapso muy corto comparado con la eternidad donde vamos a vivir todos reunidos más adelante. Es importante continuar el resto de nuestra vida con esta esperanza, o de lo contrario no podríamos seguir viviendo.

Pasa el tiempo y cada vez que recordamos el hecho, duele, duele muy profundo en el alma; sin embargo, empezamos a ver la vida nuevamente a color. Al inicio del duelo se veía la vida en negro, total tinieblas, sin saber qué camino tomar, como una tremenda tormenta.

No es fácil, pero quienes más podemos ayudarnos somos nosotras mismas. Nadie fuera de Dios puede hacer algo por nosotras. Debemos permanecer en la lucha y salir airosas de esta tristeza tan grande, pues si nos ha tocado vivirla ha de tener un propósito.

Vivamos con paciencia, sintiendo cada instante nuestro dolor; de Dios recibimos el único bálsamo capaz de curar nuestras profundas heridas. Hagámoslo por el amor a nuestros queridos hijos que han partido y quisieran vernos siempre con la cabeza en alto para poder seguir sintiéndose orgullosos de nosotras.

Debemos procurar mantenernos ocupadas. Ojalá podamos encontrar alguna actividad para invertir nuestro tiempo, algo que nos guste, que distraiga nuestra mente y nos permita descansar.

Por último puedo decir que, después de una pena tan grande, la vida continúa y está llena de cosas nuevas. Nuestros hijos siempre estarán en nuestro corazón. Volveremos a sentir alegría nuevamente.

¡DIOS ESTÁ CON NOSOTROS!

Experiencia del pasado

Relato de un personaje histórico

Al parecer, Winston Churchill, un hombre multifacético que ayudó a cambiar el rumbo de la historia en un momento crítico, tuvo también al menos una experiencia con un visitante del Cielo: describió cómo, en noviembre de 1947, mientras estaba entretenido en uno de sus pasatiempos favoritos –pintar cuadros–, sintió una presencia a su espalda y, al voltearse, vio sentado en un sillón de cuero rojo a su padre, muerto hacía cincuenta y dos años; a continuación sostuvo con él una animada conversación sobre la situación política de Inglaterra[27]. Siempre me sorprendió que Churchill relatara esto, ya que la mayoría de la gente teme ser tratada como demente si comparte este tipo de experiencias. Luego comprendí que la cultura inglesa acepta más fácilmente estos temas, según vimos en el capítulo 10 de este libro.

---

27   Andrew Roberts. *Hitler y Churchill, los secretos del liderazgo.* Madrid; Taurus: 2003.

Experiencias cercanas a la muerte

Mis experiencias con el Cielo

Annie de Acevedo

Annie es una de las psicólogas colombianas más recono-
cidas en temas de crianza y familia. Tiene una maestría
en Psicología, un postgrado en Neuropsicología y
una especialización en Neurolingüística y Psicología
Educativa. Es autora de numerosos libros y directora
de la Fundación Oportunidad, donde atienden niños y
familias de bajos recursos económicos, para ayudarlos
con sus dificultades emocionales y de aprendizaje.

No es fácil narrar experiencias de lo sobrenatural, pero pro-
meto hacer mi mejor esfuerzo. Para empezar, aclaro que hasta
ahora esto lo he compartido sólo con muy pocas personas,
ya que pocos creen en esto, y fue una experiencia tan íntima
que he querido mantenerla guardada en mi corazón. Lo que
yo viví fue tan real, que sé en lo más profundo de mi alma
que fue una experiencia muy especial.

La primera vez que me pasó algo extraordinario fue cuando tenía veinticinco años. Después de un embarazo de muy alto riesgo, tuve un parto prematuro con el agravante de tener una placenta previa. Esto llevó a que en cierto momento perdiera todos los signos vitales a causa de una hemorragia severa. Luché mucho por tratar de mantenerme consciente, hasta que finalmente me rendí. Recuerdo haber pensado que ya no podía luchar más por vivir, y entonces se adueñó de mí una profunda calma, un estado de paz completa. Sentí que estaba donde debía estar, ya no me dolía nada, estaba bien cómoda. Era un estado tan especial, diferente a cualquier otro que hubiera sentido hasta ese momento, que es difícil describirlo apropiadamente.

De pronto, me percaté de que me estaba viendo a mí misma en la sala de cirugía, y de sentir compasión por la escena que se desenvolvía en ese lugar. Me sentía como un espectador pasivo observando una película. Recuerdo que sentí en todo momento tranquilidad y paz; nunca me asusté ni cuestioné nada. Estuve así, como en un limbo extraordinario, no sé cuánto tiempo, hasta que repentinamente experimenté regresar a mi cuerpo, como quien entra a ponerse un esquí. Aterricé, literalmente, y no sé cómo explicar esto. Al minuto sentí tristeza, preocupación, dolores y mucha aprehensión por saber qué había pasado con mi bebé. ¿Estaría vivo o no? No podía hablar y tenía un frío espantoso, todo lo cual contrastaba enormemente con lo que había sentido en aquel sitio cálido y amable de donde venía. Esta realidad de la sala de cirugía era dolorosa, pero sabía que debía enfrentarla.

Mi bebé prematuro murió días después, lo cual me dejó sumida en una profunda tristeza. Era mi segundo hijo y los dos habíamos luchado mucho para que lograra vivir, pero esto no ocurrió. Estuve en un franco duelo varios meses; no podía ver recién nacidos pues lloraba, y me preguntaba todo el tiempo por qué algo tan espantoso me había ocurrido.

Todo cambió cuando tuve un sueño especial, en el cual estaba frente al mar, en compañía de mi abuelo materno fallecido hacía unos años. Él me dijo que no perdiera la fe, que todo ocurría por alguna razón y que vendrían más hijos. Me dijo que tendría otro dentro de los próximos nueve meses y se llamaría Alberto. Fue un sueño sublime; comprendí que era un mensaje de Dios, quien me hablaba a través de mi abuelo. Lloré mucho. Después supe que ese llanto le sucede a muchas personas al sentirse frente a la presencia divina. Nunca dudé de la profecía, y a los nueve meses nació Alberto, tal cual se me había anunciado.

Posteriormente tuve otra experiencia. Una paciente agradecida me tenía como regalo una sesión con los ángeles, de quienes ella era devota. Yo tenía sentimientos encontrados con respecto a este tema, pero al final acepté, ya que ella insistió.

Llegó el día de la sesión, la cual fue con una señora colombiana dedicada totalmente a los ángeles y radicada en Canadá. Me pareció agradable y me inspiró confianza. Me pidió que cerrara los ojos, pues ella iba a invocar a mis ángeles de la guarda para oír qué mensaje me tenían. Un poco escéptica aún, acepté y los cerré. Me advirtió que a veces llegaban otros seres diferentes a los ángeles, si tenían algo que comunicarme. No le presté mucha atención a esa posibilidad. A los cinco minutos de estar con los ojos cerrados, me dijo que veía a un señor de sesenta o setenta años de edad que intentaba hablar conmigo de manera urgente. Me preguntó si lo conocía, añadió que ya había fallecido y que me quería mucho. Luego me aclaró que el personaje le pedía con vehemencia: "Dígale que soy Alfredo, su papá". ¡Casi me desmayo! ¡Mi papá se llamaba así, y esto me lo decía una mujer a la cual nunca había visto en mi vida! Un poco alterada le pedí más información, porque desconfié, y todo me empezaba a parecer bastante increíble, traído de los cabellos. Me dijo con mucha calma nuestro apellido, que es complicado, y me habló en inglés, usando una frase típica que siempre utilizaba mi padre para llamarme la atención.

Era mi papá, no cabía la menor duda. Nadie más fuera de mis hermanos conocía esos detalles que lo identificaban. Fue un momento impresionante. Lloré y le pregunté cómo estaba. Me dijo que se encontraba bien y lúcido (murió teniendo una demencia) y me dio las gracias por los cuidados que le di mientras estuvo enfermo. Me pidió decirles a mis hermanos que estaba muy orgulloso de nosotros y de los cuidados que le brindábamos a mi mamá, que estaba enferma. La señora lo describió exactamente como él era físicamente, y el diálogo que tuvimos fue en "spanglish", algo usual entre nosotros. Creo que mi papá quiso venir a decirme que estaba bien en esa otra dimensión y que estuviera tranquila con respecto a su bienestar. Con frecuencia, yo me había preguntado si mi papá estaba bien luego de haber muerto, y en ese momento obtuve la respuesta.

Él no fue nunca espiritual ni religioso, pero sí un buen ser humano. Era un excelente médico cirujano y atendía y cuidaba con dedicación a sus pacientes. Este mensaje, todavía inexplicable, me encantó y me llenó de tranquilidad con respecto al futuro. Después de estas experiencias, creo que el amor nunca muere, sólo cambia su modo de expresión.

EXPERIENCIA EN SALA DE CIRUGÍA

FABIO RÍOS BARBOSA

Fabio es médico veterinario de la Universidad Nacional de Colombia. Comparte esta experiencia que trajo a su vida la certeza de la existencia de otras dimensiones.

Corría el fin del año 1998 y debía realizarme una cirugía de próstata. Me atendería un excelente médico, y se suponía que sería un procedimiento sencillo, solamente con dos días de hospitalización. Esto me daba tranquilidad y calma para someterme a un proceso quirúrgico que ofrecía más ventajas que inconvenientes.

Efectivamente, la cirugía se realizó sin problemas, pero se presentó un postoperatorio muy complicado. Mi vejiga no toleró la intervención y comenzó a sangrar en forma continua por más de catorce horas, de modo que perdí la conciencia y fui remitido a la Unidad de Cuidados Intensivos. Esto lo supe luego por el relato de mi familia, pues lo único que recuerdo fue un gran alboroto de personas alrededor de la camilla donde me encontraba tratando de reanimarme.

Me parecía que todo estaba fuera de control, cuando de repente llegó un momento de paz y calma. Me vi como una pequeña figura sentada en una cornisa que enmarcaba las lámparas de la habitación. Desde ese punto tenía una perspectiva sobre todo lo que ocurría: mi cuerpo inerme sobre la camilla, lleno de tubos y monitores con los rastros de una hemorragia abundante. Vi cómo mi médica, que es además una gran amiga, entró rápido y con prisa al lugar, tomó mi cabeza entre sus manos y con gran decisión me dijo: "Usted no se va a morir".

Desde lo alto, sin sentir dolor ni afán, disfrutaba de una paz y tranquilidad que nunca antes había experimentado. Yo sentía que les decía: "No me voy a morir aún", pero las personas no me escuchaban ni me percibían en lo alto del recinto.

No sé cuánto tiempo trascurrió antes de regresar a la normalidad. Lo que sí tengo claro es haber estado seguro de que no era el momento de mi muerte, más bien se me permitió ver y disfrutar, por unos instantes, de otra dimensión que es parte de los seres humanos. También comprendí que esa dimensión es un camino que se amplía, mostrando la trascendencia y la sabiduría de la existencia.

Un sendero muy luminoso

María Zulema Vélez Jara

María Zulema es una mujer que ha comprendido que los retos son posibilidades de crecimiento interior. En su vida profesional, ha tenido la oportunidad de desempeñar cargos directivos en importantes entidades. Actualmente es la rectora de una Institución de Educación Superior.

Mi breve historia ocurrió en septiembre de 1970, poco antes de cumplir diez años. Nos acababan de entregar la casa en la que luego vivimos durante mucho tiempo; era una casa muy grande. Mi papá solía darnos la mesada con la que comprábamos los almuerzos de la semana en el colegio, pero ese día decidí "invertir" mi dinero en dos docenas de Bubble-Gum, los chicles de moda de la época. Compartí algunos con mis hermanos, pero me metí varios simultáneamente en la boca. Mi hermano me pidió más y me negué, pero en medio de la discusión, la masa de goma rosada se atravesó a mi garganta y lentamente fui perdiendo la respiración y la conciencia. Mi hermano salió corriendo en busca de mi mamá, quien se encontraba cosiendo en su alcoba, al fondo de la casa.

No sé cuánto tiempo transcurrió desde que sentí el bloqueo respiratorio hasta que me encontré caminando por un sendero muy luminoso, cogida de la mano de un hombre de aproximadamente setenta años, pasadito de kilos y de cara absolutamente afable. La paz del lugar se reflejaba en la figura de mi nuevo compañero. El sendero tenía flores de diferentes colores en cada uno de sus costados; al fondo la luminosidad se hacía mayor. Sentía mucha alegría con mi amigo caminante que, aun sin escuchar su voz, me daba toda la confianza. Su presencia era musical y acogedora. Recorrí varios metros, pero mi caminar fue interrumpido por la voz de mi mamá, quien gritaba con la angustia de una madre que siente perder a su hija. Segundos después me incorporé, y vi cómo de sus ojos angustiados varias lágrimas cayeron en mis mejillas.

"¿Dónde está el viejito?", le pregunté, pero ni ella ni mi hermano sabían a quién me refería. "El viejito, mamá, ese señor de barba blanca y cara amable con quien caminaba cogida de la mano…". La ofuscación de mi madre fue mayor. Nunca supe qué fue en realidad lo que pasó, pero años después escuché una historia similar a la mía de alguien que había tenido una experiencia cercana a la muerte y su relato estaba siendo difundido por un medio de comunicación. En ese momento entendí que había vivido una pequeña historia de contacto con el Cielo.

La repuesta de una paciente

Un mensaje del cielo

Emilia Rivadeneira

Emilia ha sabido abrir su corazón para enfrentar con la fortaleza del Amor la muerte temprana de su marido. La certeza de su presencia sutil le dio la fortaleza para sacar a su familia adelante. Esta es la respuesta de Emilia a mi solicitud de incluir su historia en el presente libro.

¡Maravilloso libro! Al leerlo he entendido otro de los acercamientos con Julián, el cual narro a continuación:

Un día, cuando regresaba de caminar temprano en la mañana, entré a la Iglesia del Cervantes a donde voy siempre a meditar y conversar con Julián. Se me acercó una señora y me preguntó por qué me veía triste y llorando en muchas ocasiones. Le conté que mi marido había fallecido hacía unos años y le compartí mi historia. Gloria –ése es su nombre– y yo nos volvimos amigas. Un día me dijo que había recibido un lindo mensaje que sabía era para mí. A los dos días de este encuentro empezó a llamarme a la oficina. Como yo no le respondía, ella insistió hasta que le contesté, y me dijo que quería llevarme un regalito. Yo le pedí que nos reuniéramos el día siguiente pero en la tarde empezó a marcarme nuevamente y me dijo que quería llevármelo ese mismo día a mi casa; lo hizo y quedó muy sorprendida al ver que estaba celebrando mi cumpleaños. Me explicó que de pronto empezó a sentir una necesidad de buscarme que no sabía cómo explicar, pero lo entendió una vez llegó a la casa y vio que era mi cumpleaños. Sé que el regalo que me llevó me lo enviaba Julián a través de ella: una tabla de madera con esta oración de San Agustín:

No llores, si me amas

¡Si conocieras el don de Dios y lo que es el cielo!
¡Si pudieras oír el cántico de los ángeles y verme entre ellos!
¡Si pudieras ver con tus ojos los horizontes,
los campos eternos y los nuevos senderos que atravieso!
¡Si pudieras por un instante contemplar como yo la belleza
ante la cual los astros palidecen!

Créeme:
Cuando la muerte venga a romper tus ligaduras, como ha roto las
mías, y cuando un día que Dios ha fijado y conoce, tu alma venga a
este cielo en que te he precedido, ese día volverás a ver a aquel que
te amó, con todas las ternuras purificadas, volverás a verme, pero
transfigurado, avanzando contigo por los senderos nuevos de la luz
y de la vida, bebiendo a los pies de Dios un néctar
del cual nadie se saciará jamás.
Por eso, no llores si me amas.

Testimonios de lectores. Más ventanas abiertas al Cielo

El cielo está cerca para todos

Teresa Queiroz de Barros

Teresa nació en Portugal, donde desarrolla una importante labor como terapeuta. Es fundadora de la Asociación de Reiki de Portugal, que brinda apoyo a niños con cáncer y da soporte a sus familiares. Es una reconocida conferencista en temas relacionados con los guías espirituales y la misión de vida de cada persona.

La lectura de estos textos fue una experiencia muy útil y grata para mí, tanto a nivel personal como para mi trabajo como terapeuta. Me confirmó mi visión frente al proceso de la muerte y me brindó nueva información que enriqueció mi posibilidad de ayudar a otras personas.

La forma aparentemente sencilla del texto -aquella que suelen tener los grandes comunicadores- hace que sea de una gran claridad, y que su lectura se desarrolle de forma muy serena en medio del entusiasmo de avanzar para saber más. Los casos que se describen en este libro me muestran coincidencias muy importantes con episodios que he vivido.

En mi trabajo, yo no veo muy claramente a los seres de Luz, pero los siento muy presentes y veo contornos de una luminosidad que no deja lugar a dudas ni en mí, ni en aquellos a quienes se dirigen, siempre con mensajes de amor muy específicos y personalizados, que quiebran los temores o dudas que la persona suele tener.

Estoy segura de que este libro va a ayudar a muchas personas a reencontrar la normalidad y naturalidad de los lazos con los que han partido, y que contribuirá a mejorar el acompañamiento de aquellos seres con quienes tenemos el privilegio de compartir hasta sus últimos momentos en esta dimensión.

Quedo muy agradecida; leerlo fue un placer y una lección muy útil para mí y lo será para las charlas que hacemos en Lisboa, en la Asociación de Voluntariado en Reiki. Espero que esta obra se pueda traducir al portugués.

Tal como se afirma en este libro, he podido experimentar personalmente que los tiempos están cambiando y que el Cielo está más cerca para todos.

HAY VIDA, AMOR Y MUCHA LUZ

CLAUDIA NIETO DE RESTREPO

Claudia ha dedicado su vida al servicio y a crear espacios de Amor. Su recorrido es un testimonio de cómo aceptar los momentos difíciles sin perder la alegría profunda de la vida. Dedica gran parte de su tiempo a una guardería para niños que necesitan cuidado, nutrición y cariño en Cumbayá, Ecuador.

Este libro de la Dra. Elsa Lucía es para leer despacio, en momentos de paz que nos permitan llegar a la meditación.

Los relatos y planteamientos aquí narrados son algo que personalmente necesitaba y añoraba tener a mi alcance. Me ayudan a continuar mi camino pensando en la muerte con serenidad y a verla como un paso más para poder llegar a la plenitud de Dios-Amor.

Mi reflexión sobre este tema comenzó hace muchos años, cuando mi papá, después de una experiencia cercana a la muerte, recobró por un lapso corto de tiempo la conciencia, para pedirnos que no lloráramos porque la muerte no existía. Nos describió un lugar lleno de Vida, Amor y mucha Luz. Poco después falleció, fue como si hubiera regresado solamente para compartir con nosotros lo que había visto.

Después de esto, no sé por qué, puedo percibir a personas que han fallecido, sé claramente quiénes son y lo que quieren decirme. Estos escritos me han aportado muchísimo y me ayudaron a no sentirme extraña por tener comunicación con algunas personas que han fallecido y que sé que están vivas, en otra dimensión.

Vivir el verdadero amor

Marinés Pernás

> Marinés es una joven venezolana que trabaja en relaciones
> industriales, comprometida con su crecimiento interior.
> Es colaboradora de La Montaña Azul, un Centro para la
> Transformación de la Conciencia en Costa Rica.

Estoy infinitamente agradecida con Dios porque este libro me ha permitido establecer nuevamente la relación con mi padre, quien murió en el año 2006. ¡Muchas gracias por permitirme esta reconexión con él, y por haber podido volver a sentirlo conmigo!

Esta lectura me ha movido profundamente: sólo pensar en la muerte de alguna persona significativa en mi vida me producía mucho sufrimiento, y ahora puedo decir que este libro me ha ayudado a ver la muerte desde otra perspectiva, una jamás pensada... Creía que al morir todo acababa, que la relación se rompía y que nuestro único consuelo era que pasara del tiempo para llenar ese vacío.

Entender la muerte como un proceso de trascendencia y evolución permite que vivamos el verdadero Amor, expansivo e infinito.

Es maravilloso descubrir que perdonar es un beneficio mutuo para la evolución en nuestro camino. A fin de cuentas, pude entender que de alguna manera ambos estamos en duelo. Darle consuelo, amor y apoyo a las personas que se han ido es gratificante.

Forjar en vida lazos de amor y gratitud hará que el vacío ante su ausencia física no sea tan duro porque, al final, ellos siguen con nosotros.

DE NUEVO SOMOS UN EQUIPO, EN DIFERENTES DIMENSIONES

MARCELO PIZZOLO

Marcelo es un pintor argentino cuya búsqueda interior se refleja y transmite en su arte. Un hecho inusual y abrir su corazón a nuevos paradigmas le ayudaron a ver que sus hermanos fallecidos aún están con él.

Al leer los textos de la doctora Elsa Lucía Arango pensé que este era un nuevo paradigma, interesante para intentar aplicarlo en mi vida. Lo pensé intelectualmente, pero no con mi corazón, hasta que sucedió algo inesperado que me llevó a una vivencia muy especial.

En una situación en la que enfrentaba varias dificultades, sin una explicación aparente, todo comenzó a fluir y a solucionarse de una manera positiva e inesperada. Sentí que tenía que ver con aceptar la posibilidad de tener la compañía de los seres queridos que han muerto.

Ese día mi actitud cambió respecto a mis dos hermanos que fallecieron hace quince años; estaban ahí ayudando y pude entender mi nueva relación con ellos. Éramos cuatro hermanos y hasta antes de esa situación habíamos quedado dos. Hoy somos cuatro de vuelta, dejé de llorarlos y de sentir un desgraciado abandono. Es una alegría que estemos juntos de nuevo. Gracias, hermanos, por venir a darme una mano cuando los necesito. Gracias, Elsa, por abrirme a esta sabiduría tan valiosa.

Cuánto sufrí, y hoy estoy en paz y feliz, porque somos un equipo de nuevo, aunque en distintas dimensiones.

GRATITUD

DR. JUAN OSPINA

Médico de la Universidad del Rosario de Colombia, especializado en terapias alternativas y complementarias en Francia y posteriormente en la escuela sintergética del Dr. Jorge Carvajal. Además de su consulta, organiza encuentros para la expansión de la conciencia. Es fundador y director científico de la Farmacia Homeopática Quanta. Con sus proyectos, ha abierto importantes caminos para mejorar la vida de las personas.

Querida Elsa Lucía:

Doy gracias a Dios, a la Vida y a ti por haberme permitido leer esta obra, fruto de tu experiencia y madurez espiritual. No dejo de maravillarme ante tus dones de videncia y tu talento innato, como médica del alma, para acompañar a muchas personas que se encuentran en el proceso de la muerte y a sus familiares en el duelo.

Me gusta todo… todo me gusta. Es un texto escrito desde la profundidad de tu corazón y de tu vida; será sin duda un clásico en este tema tan trascendental.

Este libro plantea un nuevo paradigma y brinda valiosas herramientas para cada ser humano que algún día se encontrará en el umbral, para sus familiares y para todos los médicos y terapeutas que habremos de acompañarlos en este proceso.

POESÍA

POEMAS PARA SEGUIR JUNTOS

EL ADIÓS...
RUMI

El adiós es sólo para aquellos que aman con los ojos.
Porque para quienes aman con el corazón y el alma,
no existe eso llamado separación.

ANTIGUA BENDICIÓN IRLANDESA
ANÓNIMO

Que la tierra se vaya haciendo camino ante tus pasos,
Que el viento sople siempre a tus espaldas,
Que el sol brille cálido sobre tu cara,
Que la lluvia caiga suavemente sobre tus campos,
Y hasta tanto volvamos a encontrarnos,
Dios te guarde en la palma de su mano.

POEMA CHEROKEE A LA MUERTE DE UN AMIGO
HORACIO FONTOVA

No te pares al lado de mi tumba y solloces.
No estoy ahí, no duermo.

Soy un millar de vientos que soplan
y sostienen las alas de los pájaros.

Soy el destello del diamante sobre la nieve.

Soy el reflejo de la luz sobre el grano maduro,
soy la semilla y la lluvia benévola de otoño.

Cuando despiertas en la quietud de la mañana,
soy la suave brisa repentina que juega con tu pelo.

Soy las estrellas que brillan en la noche.

No te pares al lado de mi tumba y solloces.
No estoy ahí, no he muerto.

CUANDO YO ME VAYA
CARLOS ALBERTO BOAGLIO

Cuando yo me vaya, no quiero que llores,
quédate en silencio, sin decir palabras,
y vive recuerdos, reconforta el alma.

Cuando yo me duerma, respeta mi sueño,
por algo me duermo; por algo me he ido.

Si sientes mi ausencia, no pronuncies nada,
y casi en el aire, con paso muy fino,
búscame en mi casa,
búscame en mis libros,

búscame en mis cartas,
y entre los papeles que he escrito apurado.

Ponte mis camisas, mi *sweater*, mi saco
y puedes usar todos mis zapatos.

Te presto mi cuarto, mi almohada, mi cama,
y cuando haga frío, ponte mis bufandas.
Te puedes comer todo el chocolate
y beberte el vino que dejé guardado.
Escucha ese tema que a mí me gustaba,
usa mi perfume y riega mis plantas.

Si tapan mi cuerpo, no me tengas lástima,
corre hacia el espacio, libera tu alma,
palpa la poesía, la música, el canto
y deja que el viento juegue con tu cara.
Besa bien la tierra, toma toda el agua
y aprende el idioma vivo de los pájaros.

Si me extrañas mucho, disimula el acto,
búscame en los niños, el café, la radio
y en el sitio ese donde me ocultaba.

No pronuncies nunca la palabra muerte.
A veces es más triste vivir olvidado
que morir mil veces y ser recordado.

Cuando yo me duerma,
no me lleves flores a una tumba amarga,
grita con la fuerza de toda tu entraña
que el mundo está vivo y sigue su marcha.

La llama encendida no se va a apagar
por el simple hecho de que no esté más.

Los hombres que "viven" no se mueren nunca,
se duermen de a ratos, de a ratos pequeños,
y el sueño infinito es sólo una excusa.

Cuando yo me vaya, extiende tu mano,
y estarás conmigo sellada en contacto,
y aunque no me veas,
y aunque no me palpes,
sabrás que por siempre estaré a tu lado.

Entonces, un día, sonriente y vibrante,
sabrás que volví para no marcharme.

No sabemos dónde nos espera la muerte,
así pues, esperémosla en todas partes.
Practicar la muerte es practicar la libertad.
El hombre que ha aprendido a morir
ha desaprendido a ser esclavo.

SIN TÍTULO
RUMI

Devuelve al polvo ese cuerpo que era polvo,
y modela un cuerpo hecho de su propia luz antigua.

ASCENSIÓN
Colleen Hitchcock

Y si me voy,
y tú te quedas aquí todavía,
quiero que sepas que sigo viviendo,
vibrando en otra dimensión,
detrás de un delgado velo que tu mirada no puede traspasar.
No me verás,
por eso debes tener fe
y esperar el momento cuando podamos volver a remontarnos juntos,
cada uno consciente de la presencia del otro.
Hasta entonces, vive tu vida con plenitud.
Y cuando me necesites,
sólo susurra mi nombre en tu corazón
y allí estaré.

PARA LEER

LECTURAS RECOMENDADAS

- *Acerca de la muerte.* S.S. Dalai Lama y Jeffrey Hopkins. Barcelona; R.B.A. Libros Integral: 2003.
- *Despedidas elegantes.* Suchila Blackman. Barcelona; Editorial Liebre de Marzo: 2004.
- *El Águila y la Rosa.* Rosemary Altea. Barcelona; Ediciones B, S.A.: 1996.
- *El Bhagavad Gita.* Jack Hawley. Buenos Aires; Editorial Deva's: 2002.
- *El libro tibetano de la vida y de la muerte.* Sogyal Rimpoché. Barcelona; Ediciones Urano, S.A.: 1994.
- *El manejo del duelo.* Santiago Rojas. Bogotá; Editorial Norma: 2008.
- *El poder del espíritu.* Rosemary Altea. Barcelona; Random House Mondadori: 2005.
- *Hablando con el Cielo.* James Van Praagh. Buenos Aires; Editorial Atlántida: 1997.
- *Ida y vuelta al Cielo.* Mary C. Neal. Bogotá; Random House Mondadori: 2013.

- *La muerte, un amanecer.* Elisabeth Kübler-Ross. Barcelona; Ediciones Luciérnaga: 1993.
- *La rueda de la vida.* Elisabeth Kübler-Ross. Barcelona; Ediciones B, S.A.: 1997.
- *Matthew, dime cómo es el Cielo.* Suzanne Ward. Buenos Aires; Editorial Kier: 2002.
- *Morir para ser yo.* Anita Moorjani. Madrid; Gaia Ediciones: 2010.
- *Sukhavati: Western Paradise: Going to Heaven as Taught by the Buddha.* Wong Kiew Kit. Malasia; Cosmos: 2002.
- *Un arte de curar: aventura por los caminos de la bioenergética.* Jorge Carvajal Posada. Bogotá: Grupo Editorial Norma, 1995.
- *Vida después de la vida.* Raymond Moody. Madrid; Editorial Edaf: 1984.
- *Volví.* Francisco Cándido Xavier. Buenos Aires; Editorial Kier: 2004.

AGRADECIMIENTOS

A Dios, Creador de los lazos de amor que unen el Cielo y la Tierra

A los lectores, por haber sacado un tiempo de sus vidas para compartir conmigo estas experiencias e ideas. Espero que las disfruten y que, en alguna medida, les permitan construir o fortalecer sus vínculos con el Cielo.

A mis visitantes del Cielo, que con su sutil presencia me enseñaron acerca de la continuidad de la vida luego de la muerte y del anhelo que tienen de seguir compartiendo su amor y cariño con los familiares y amigos que aún estamos en la escuela de la vida. Es precisamente su mensaje el que procuro difundir en este libro. Quiero igualmente dar las gracias a todos los pacientes con quienes viví las experiencias en las que está basado este texto y me permitieron narrarlas; también a aquellos cuyas historias no fueron relatadas que me ayudaron a aprender sobre los vínculos de amor con los seres en el más allá.

A mi familia, por apoyarme de muchas formas para poder escribirlo, en especial a mi madre y a mi padre, quienes desde el Cielo me inspiraron; agradezco el amor y colaboración de mis hijos y mi esposo, quienes leían los capítulos, captaban los pequeños o grandes errores y, con paciencia, me ayudaban a corregir la redacción y las ideas para mejorar su comprensión.

Agradezco a Annie de Acevedo, quien me invitó, junto con Gabriel Iriarte, director editorial de Penguin Random House Colombia, a escribir este libro, a pesar de lo inusual del tema; a mi editora, Patricia de Narváez, quien me hizo oportunas sugerencias, me dio acertados consejos y me brindó el apoyo y el tiempo que requería para terminar la tarea.

Varios amigos y familiares se ofrecieron como editores aficionados al saber del proyecto en el que estaba trabajando. Su entusiasmo al leer cada capítulo y pedirme que les enviara nuevos me animaba a continuar y a mantener el ritmo de escritura.

Entre ellos, gratitud muy especial a Juan Ospina, colega, amigo y compañero de aventuras espirituales, quien con enorme paciencia y cariño dedicó muchos días de descanso a la corrección final del texto, facilitando su lectura y comprensión al pulir ideas, redacción, estilo y ortografía con gran inteligencia y acierto. Además de excelente médico, demostró ser un disciplinado y asertivo corrector.

Doy gracias, también, a Adelaida Nieto, Gloria Nieto de Arias y María Cristina Laverde, escritoras, amigas y pacientes maravillosas que me regalaron un tiempo precioso para orientarme con valiosas sugerencias para corregir el texto inicial. Adelaida, además, recopiló, editó y organizó los anexos, agregando a ellos algunos relatos y poemas. Igualmente quiero agradecer a mi amiga Marcela Ocampo y a Carlos Orozco, quienes colaboraron en la dispendiosa tarea de corrección de apartes del texto original y me mostraron errores que yo había pasado por alto.

A Ana Ilonka Pinzón, quien organizó con rapidez todas las correcciones que me llegaban de mis amigas editoras para poder entregar a tiempo el libro, mi admiración y gratitud por la eficacia y silencio con que hizo su tarea.

Con amor y agradecimiento,

ELSA LUCÍA ARANGO